D0897233

LA PLUS JEUNE DES PROPHÈTES

Jacinthe de Fatima

Christopher Rengers, O.F.M. Cap.

A

Gaston et Pierrette Léger
de
S. Louise Léger, f. d. l. S.

Éditions Paulines & Médiaspaul

L'édition originale de cet ouvrage a paru chez *Alba House,* New York, U.S.A., sous le titre THE YOUNGEST PROPHET.

Le P. Gilbert Cabana, O.F.M. Cap., en a assuré la traduction de l'américain.

Composition et mise en page: *Les Éditions Paulines*

Maquette de la couverture: *Antoine Pépin*

ISBN 2-89039-029-2

Dépôt légal — 4e trimestre 1989
Bibliothèque nationale du Québec
Bibliothèque nationale du Canada

© 1989 Les Éditions Paulines
      3965, boul. Henri-Bourassa Est
      Montréal, QC, H1H 1L1

      Médiaspaul
      8, rue Madame
      75006 Paris

RECONNAISSANCE

Au père Christopher Rengers qui m'a invité frater-
nellement «à mettre une vinaigrette française sur sa
salade américaine».

À mon cher confrère, le Père René Leguerrier, qui
a bien voulu, avec patience, bonhomie et expertise, lire
et corriger les épreuves de cette traduction.

À Mademoiselle Marguerite Bédard, étudiante en
Théologie, dont le dévouement déployé durant plusieurs mois comme collaboratrice et dactylographe
a rendu cette traduction possible.

Gilbert Cabana, O.F.M. Cap.

Introduction

JACINTHE, LA PROPHÉTESSE

Le 20 février 1920, une petite fille du nom de Jacinthe Marto mourait après une longue maladie. Elle allait célébrer dans un mois son dixième printemps. Dans le cours ordinaire des événements, cette petite fleur n'aurait jamais attiré l'attention de l'univers. Son souvenir aurait au plus été conservé dans sa famille et parmi ses amis.

Mais Jacinthe ne fut pas une petite fille ordinaire. En plus d'être l'une des trois voyants de Fatima, sa courte vie exhale un parfum si exquis de sainteté et de témoignage prophétique, que depuis le 20 décembre 1979, elle a été trouvée digne d'être candidate aux honneurs de la béatification. Si Jacinthe et son frère François (dont le procès séparé de béatification est au même stage) sont éventuellement canonisés, ils seront les plus jeunes non-martyrs à bénéficier de cette insigne distinction.

Les sept premières années de Jacinthe s'écoulèrent sans aucun fait saillant; petite vie simple avec ses père et mère, Manuel et Olympia Marto à Aljustrel, village proche de Fatima, au Portugal. Mais en 1917, Jacinthe, son frère François et leur cousine Lucie dos Santos vécurent une série remarquable d'expériences qui les projetèrent sur l'avant-scène du monde. Entre les mois de mai et d'octobre 1917, ils eurent une suite de visions de Notre-Dame, qui seront décrites au cours de cet ouvrage. Cette année-là, Jacinthe avait 7 ans, François 9 ans et Lucie 10 ans.

Le 7 septembre 1917, un jeune avocat du nom de Carlos Mendes visita les trois enfants dont la renommée à ce moment-là, avait commencé d'attirer sur eux l'attention de tout le Portugal. Le jour suivant il écrivait à sa fiancée:

«Arrivé à Aljustrel, chez les parents de François, j'ai demandé de parler aux enfants. Jacinthe apparut et vint tout de suite vers moi: elle est toute menue et très enfant... Je dois te dire dès maintenant qu'elle est mignonne — un petit ange. Elle portait un mouchoir rouge sur la tête, dont les pointes étaient nouées sur le chignon du cou... Ce mouchoir faisait ressortir les traits de son visage. Ses yeux sont très noirs, ils vous enchantent par leur vivacité; tandis que son air est angélique, si extraordinairement doux et bon, qu'on se sent attiré vers elle, malgré soi. Elle semblait si retenue et timide... François arriva... Il a un splendide visage d'adolescent, son expression est à la fois vive et mâle... Jacinthe commença à s'enhardir. Peu après Lucie se présenta. Tu ne peux t'imaginer la joie de Jacinthe à la vue de Lucie. Elle sembla se dissoudre en un rire d'allégresse, et courut vers sa cousine pour ne plus la quitter.

Lucie n'impressionne guère au premier regard... Elle est bien vivante, mais pour le reste assez ordinaire. Les trois enfants disent qu'une Dame leur apparaît, mais ils ne savent pas qui elle est. Le 13 octobre, elle leur dira son nom et ce qu'elle veut. Le naturel et la simplicité avec lesquels ils affirment tout ceci sont extraordinaires et impressionnants. Lucie voit la Dame, lui parle et l'entend. Jacinthe la voit et l'entend mais ne lui parle pas. François la voit seulement, il ne lui parle, ni ne l'entend. Ces différences sont intéressantes n'est-ce pas?

C'est actuellement ma conviction profonde que nous sommes ici confrontés à quelque chose qui dépasse notre raison. J'attends le 13 octobre, avec une impatience grandissante... L'impression qui a le plus vivement ébloui les enfants, c'est la beauté de la Dame... J'ai montré ta photographie à François et lui demandai si la Dame était plus belle que toi. 'Beaucoup plus belle!' a-t-il dit ' et la Dame est habillée de blanc et d'or.'»

Le 13 octobre, quelque 70 000 personnes étaient rassemblées sous la pluie à la Cova da Iria. À midi, de l'heure solaire, les trois enfants virent de nouveau la Dame. La foule ne la vit point, mais bientôt tout ce monde fut témoin d'un signe étonnant. Le Dr Domingos Pinto Coelho, un éminent oculiste, rapporta l'événement dans le Journal à Ordem: «Le soleil tantôt entouré d'une flamme écarlate, tantôt auréolé de jaune et de pourpre foncé semblait tourner à une vitesse prodigieuse; à un moment, il parut se détacher du ciel et se précipiter sur la terre en irradiant une chaleur intense. Cela dura environ 12 minutes. Plusieurs dans la foule criaient de terreur. Quelques-uns tombèrent à genoux en suppliant Dieu de leur pardonner leurs péchés. Les gens et leurs vêtements, tout trempés par la pluie qui était tombée durant toute la nuit et la matinée, furent soudainement asséchés et sans aucune tache de boue.»

Ce même soir du 13 octobre, à 19 heures, le Père Manuel Formigao, professeur au séminaire de Santarem, questionna séparément les trois enfants (voir appendice A). Une des réponses de Lucie résume le message qu'ils avaient reçu de Notre-Dame. Elle dit qu'il nous faut amender nos vies et cesser d'offenser Notre-Seigneur parce qu'il est déjà trop offensé, et qu'il nous faut dire le chapelet et demander pardon pour nos péchés.

Au cours des années, l'Église a étudié les événements de Fatima et les a approuvés dans la mesure où une révélation privée peut être approuvée. Pie XII, Paul VI et Jean-Paul II se sont affirmés comme des dévots convaincus des messages de Fatima.

La plupart des récits sur Fatima sont centrés sur Lucie. C'était inévitable. Elle est encore vivante en ce moment (1988). Elle est religieuse carmélite dans la ville de Coïmbre et de nombreux détails du message de Fatima (ainsi que la relation de visions ultérieures) nous viennent d'elle seule. Jacinthe mourut en 1920 et François en 1919.

Le fait d'être favorisée de révélations privées ne signifie pas automatiquement que la personne a atteint la sainteté héroïque d'un saint canonisé. Bernadette Soubirous, la voyante de Lourdes, fut canonisée. Mélanie Calvat et Maximin Giraud, les voyants de La Salette, ne l'ont pas été.

Jacinthe ne fut pas seulement une voyante, elle fut également une prophétesse. En elle nous contemplons l'amour de Dieu et du prochain resplendissant à un degré héroïque. Elle est un modèle délicieux et un guide charmant. Des trois enfants, elle est la plus tendre par le cœur et par l'âge. C'est avec une générosité totale qu'elle a accepté le message de l'apparition et qu'elle l'a vécu. Elle est la plus jeune des prophètes de Dieu.

Qu'est-ce qu'un prophète? C'est une personne qui donne un message pour l'heure présente. Les prédictions du futur, des voix célestes, de belles visions ou des songes merveilleux ne font pas le compte. L'élément important c'est la voix du prophète authentique qui nous déclare les plans de Dieu, et comment sa justice ou sa miséricorde vont intervenir selon la coopération donnée à sa parole ou le rejet que lui opposeront des gens dont les noms ne figureront jamais dans les pages des journaux ou de l'histoire.

Quand Jonas parcourut Ninive en proclamant que Dieu allait détruire la ville, le point essentiel à retenir était que les Ninivites, sur l'heure, devaient s'humilier et se repentir dans la prière et le jeûne. Ils l'ont fait, depuis le roi jusqu'au dernier de ses sujets, et la ville fut épargnée. Bien que la prophétie de Jonas avait été faite dans des termes absolus, son accomplissement dépendait de l'indifférence ou du repentir de la ville.

Ainsi en fut-il des prédictions des prophètes de l'Ancien Testament: Isaïe, Ezéchiel, Jérémie, etc… Nous pensons habituellement qu'un prophète est quelqu'un qui prédit le futur. C'est parce que le prophète annonce souvent des événements futurs, précisant ce qui arrivera si les gens ne changent pas de conduite.

Il n'est pas nécessaire que les communications du Seigneur soient extraordinaires. Le prophète est également celui à qui Dieu donne des aperçus spéciaux sur le présent. Un tel prophète a un don tout simple et modeste — une effusion abondante de l'Esprit dans son âme et conscience, grâce à quoi il montre aux gens le sentier où Dieu veut qu'ils s'engagent, en y marchant lui-même le premier. Le prophète devient ainsi une lumière qui indique la voie dans laquelle chacun de nous doit emboîter le pas. Il arrive que quelques rayons de cette lumière dévoilent des événements futurs. Mais notre besoin immédiat, profond, c'est cette lumière qui nous indique la route où il importe au plus tôt d'engager nos pas.

À travers toute l'histoire du salut, Dieu nous a favorisés de nombreux prophètes. Ce que certains ont dit est contenu dans la Sainte Écriture. Le temps de la révélation scripturaire et biblique est terminé, mais Dieu continue de nous envoyer ses porte-parole spéciaux, autrement dit ses prophètes. Au fond, le message de Fatima est le même que celui des prophètes de l'Ancien Testament: Amendez vos vies, priez et faites des sacrifices. Les guerres sont la punition des péchés.

Être prophète n'est pas de tout repos. Plusieurs des prophètes de l'Ancien Testament furent tués. Les vrais prophètes se distinguent par leur sainteté et leur acceptation même du martyre. Le genre de vie de Jean-Baptiste étoffait la crédibilité de sa prédication. Le martyre qu'il subit à cause de la hardiesse de sa franchise en faveur de la vérité prouva qu'il avait passé avec succès le test du vrai prophète.

Les prophètes doivent être généreux et courageux; ils ne se la coulent pas douce. Ils possèdent un message mais le message aussi les possède, ils doivent l'incarner. Jésus comme homme fut le plus grand des prophètes. Il nous affirma qu'aucun homme n'est prophète dans sa propre ville; ses voisins étaient prêts à le jeter en bas de la falaise. Finalement, sa proclamation du message du Père le conduisit au Calvaire.

Il nous faut distinguer les vrais des faux prophètes. C'est pourquoi il est nécessaire de soumettre le vrai prophète à un examen sérieux.

Le prophète ne jouit pas d'une ligne directe avec le ciel. Tout ce qu'il dit ne fait pas nécessairement partie du message que Dieu lui a confié. Tout ce que le prophète commente par après ou ce qu'il soutient, n'est pas nécessairement basé sur un jugement impeccable. L'Église catholique se sert en même temps des vérités révélées de la foi ainsi que du froid et clair bon sens pour évaluer les affirmations des prophètes dans leur révélation privée. Nous ne pouvons pas accepter les yeux fermés tout ce qu'affirme un vrai prophète; non plus, d'autre part, ne pouvons-nous rejeter du revers de la main tout leur message dans un scepticisme excessif.

À Fatima, en dernière analyse, nous n'entendons pas les mots mêmes de Marie, mais les paroles des enfants qui nous rapportent ce qu'elle leur a dit. François n'entendait pas Marie; seuls Jacinthe et Lucie eurent ce privilège.

Jacinthe est une enfant du vingtième siècle qui répète une vérité scripturaire très ancienne: priez et faites pénitence. Elle la répète d'une manière nouvelle avec des détails nouveaux et particuliers. Peut-être que des détails ne visent pas tout le monde, mais l'essentiel du message se projette sur tous.

La paix est l'affaire de tous. Jacinthe, la plus jeune

de tous les prophètes, nous a livré et a vécu le plan marial qui mènera le monde à la paix. Ses paroles et sa vie jettent un clair rayon de lumière sur la voie où Dieu nous presse d'entrer. Si un nombre suffisant de fidèles suivent ce chemin avec la générosité requise, leurs prières et leurs sacrifices étendront sur le monde un toit protecteur qu'aucune bombe nucléaire ne pourra défoncer.

Chapitre 1

LA PETITE BERGÈRE

Entre 1935 et 1941, Lucie, sur l'ordre de son évêque, écrivit quatre Mémoires sur les événements de Fatima. Ces Mémoires ont été traduits en français et publiés sous le titre: *Lucie raconte Fatima.* En plus d'être une source d'informations sur Fatima, ces Mémoires pourraient très bien devenir un classique de la spiritualité comme l'*Histoire d'une âme* de sainte Thérèse-de-l'Enfant-Jésus.

Le premier Mémoire se concentre sur Jacinthe, et les autres ajoutent de nouveaux détails sur elle. Ils sont d'une importance vitale pour la compréhension de la vie sainte et du message de Jacinthe.

Lucie commence son premier Mémoire d'une façon très franche qui met en lumière le côté déplaisant de l'âme sensible de Jacinthe: «Avant les événements de 1917, à part les liens de parenté, aucune affection particulière ne m'amenait à préférer la compagnie de Jacinthe et de François. Bien au contraire, la compagnie de celle-là devenait absolument déplaisante à cause de la grande susceptibilité de son caractère. Le moindre petit conflit qui surgit habituellement entre les enfants au cours de leurs jeux, était suffisant pour qu'elle se retire et aille bouder dans un coin — 'Attacher le bourricot' comme nous avions l'habitude de dire. Les plus douces caresses que dans ces occasions . ses compagnes lui prodiguaient n'arrivaient pas à la faire réintégrer le jeu. Il fallait absolument que les autres lui laissent imposer à tous le jeu de son goût et le partenaire qu'elle s'était choisie.

Lucie était la conteuse d'histoires, celle qui prend les initiatives, le *leader* parmi les enfants du petit hameau d'Aljustrel. François et Jacinthe ne se mêlaient pas facilement aux autres enfants et préféraient la compagnie de Lucie et la recherchaient constamment. En plus de tenir au jeu de son choix, Jacinthe avait un autre défaut. Il lui arrivait quelquefois de vouloir retenir les enjeux, bien qu'ils ne fussent que «prêtés» pour le temps de la partie. Olympia Marto et Maria Rosa dos Santos étaient d'une certaine façon des mères très indulgentes. Un des jeux consistait à parvenir à couper les boutons de l'habit de l'autre. Il fallait ensuite les recoudre. Mais s'il avait fallu suivre les caprices de Jacinthe, Lucie n'aurait pas pu rapporter ses boutons chez elle.

Mais Lucie conclut: «Elle avait bon cœur et Dieu lui avait donné un caractère doux et tendre qui la rendait, à la fois, aimable et attrayante.»

La mère de Jacinthe, Olympia, affirmait, avec une petite pointe d'orgueil à propos de chaussures: «Jacinthe aimait avoir ses cheveux en bon ordre et j'avais l'habitude de la peigner tous les jours. Une petite chemise, une jupe de coton et des chaussures, voilà ce qu'elle portait chaque jour car j'étais en moyen de garder mes enfants bien chaussés.»

Le père de Jacinthe, Manuel, surnommé Ti (oncle) Marto n'était pas un père qui avait des préférés. Il était sobre dans l'expression de ses sentiments. Il disait de Jacinthe: «Elle était toujours gentille et douce, elle était ainsi depuis toujours. Si elle désirait quelque chose, elle nous le faisait savoir à sa manière, il lui arrivait d'émettre un petit cri, et puis après, silence. Quand nous quittions la maison pour aller à la messe ou pour toute autre raison, elle ne s'inquiétait pas. Nous n'avons jamais eu de trouble avec elle. Elle était naturellement bonne et la plus charmante de nos enfants.»

Au début du quatrième Mémoire, Lucie établit une comparaison entre François et Jacinthe. «François ne semblait pas être le frère de Jacinthe autrement que par les traits de son visage et la pratique de la vertu. Il n'était pas comme elle, capricieux et frétillant. Au contraire, il était d'un tempérament paisible et complaisant.» Jacinthe imposait ses goûts aux jeux. François ne défendait même pas ses droits. Il disait volontiers: «Ainsi tu penses que t'as gagné? Eh bien, profites-en.» Sa nonchalance était si grande qu'elle exaspérait Lucie parfois. Elle est d'avis que si François était parvenu à l'âge adulte, son principal défaut se serait exprimé par ces mots: «Et puis après, qu'est-ce que ça peut bien faire? Il n'était pas fou de la danse comme Jacinthe, mais préférait jouer du fifre tandis que les autres dansaient… Ils avaient l'habitude de m'attendre dans la cour chez mes parents, et tandis que Jacinthe courait à ma rencontre dès qu'elle entendait les clochettes du troupeau, François attendait assis sur les marches de pierre devant la porte d'entrée.»

Jacinthe préférait le clair de lune, au plein soleil. Elle appelait le soleil, la Lampe de Notre-Seigneur et la lune, la Lampe de Notre-Dame. François différait d'opinion: «Aucune Lampe n'est aussi belle que celle de Notre-Seigneur» disait-il à Jacinthe. Elle préférait la Lampe de Notre-Dame parce qu'elle ne faisait pas mal aux yeux. Jacinthe appelait les étoiles, les lanternes des anges; parfois, elle et François essayaient de les compter. Lucie offre cette explication au sujet de la préférence de Jacinthe pour le clair de lune: «De fait, le soleil est très cuisant quelquefois en été, et comme la petite était délicate de santé, elle souffrait beaucoup durant les grandes chaleurs.»

Les jours ne s'étiraient pas en longueur pour les enfants. En effet, le temps avait un tel prix pour le travail et les jeux que leur méthode de dire le chapelet en souffrait. À la suggestion de Jacinthe, le trio ne disait que les premiers mots «Notre Père», ensuite «Je vous salue Marie» dix fois, et ainsi de suite à travers les cinq dizaines. Cette méthode enfantine d'en finir rapidement, reçut une gentille mise au point de la part de la Dame des apparitions. Jacinthe aimait cueillir des fleurs, elle en faisait des guirlandes pour elle-même et Lucie. Un de leurs jeux, quand le pâturage se trouvait sur une colline, consistait à lancer des cris pour en entendre l'écho. Jacinthe aimait à crier «*Maria*» car l'écho en était plus fort. Il lui arrivait parfois de crier tous les mots du *Je vous salue Marie* en faisant une pause après chacun d'eux pour bien entendre chaque réponse de l'écho. Lucie affirme que le chant de Jacinthe était harmonieux.

Les enfants avaient deux jeux de cartes, un qui appartenait à Lucie, et l'autre à ses deux cousins. De tous les jeux auxquels ils s'adonnaient, celui que François préférait était le jeu de cartes appelé BISCA. Jacinthe aimait poursuivre les papillons et imposait comme pénitence spéciale de chasser un papillon quand elle jouait à un jeu avec GAGE et qu'il lui revenait de donner la punition.

Lucie s'excuse dans les Mémoires d'avoir cité des mots dans les chansons *plutôt légères* parmi celles qu'ils chantaient. Elle les a maintenus à la demande de son directeur spirituel, le Père Oliveira Galamba. Le souvenir qu'elle a gardé de ces mots suggère que durant ses années au couvent, ces aimables et innocentes CHANSONS LÉGÈRES et leur implication pastorale repassaient mélancoliquement dans son esprit. Le côté bien humain de Lucie et le naturel des trois enfants ressortent de sa définition de la nostalgie: «La nostalgie ne peut se décrire. C'est une épine pénible qui perce le cœur durant des années sans fin. C'est un souvenir dont l'écho se répète, se répète sans jamais s'évanouir. »

Lucie décrit un de ses souvenirs dont le retour semble lui avoir porté au cœur un coup à la fois tendre et douloureux, alors qu'elle le raconte arrivée à l'âge adulte: «Jacinthe raffolait de prendre les petits agneaux blancs, de les placer sur ses genoux, de les embrasser et de les baiser. Au soir tombant, elle portait le plus petit pour lui épargner la fatigue du retour. En revenant chez elle, un soir, elle marchait au milieu du troupeau. Jacinthe, lui demandai-je, pourquoi marches-tu au milieu des brebis? «Je fais ce que Notre-Seigneur fait dans l'image qu'on m'a donnée où il est au milieu d'un grand nombre de brebis, avec l'une d'elles dans ses bras. »

Jacinthe donnait aussi des noms aux brebis, des noms comme Colombe, Étoile, Beauté. Elle montrait la tendresse de son cœur envers tout être souffrant. Avant les visions de Fatima, il lui arrivait de pleurer sur les malheurs des autres, sur les souffrances de

Jésus. Un des experts qui étudie sa vie, le Père Jean De Marchi des Pères de la Consolata, a vécu à Fatima durant quelques années. Il a bien connu les parents de Jacinthe, il les a interviewés, ainsi que plusieurs autres personnes, y compris sœur Lucie, pour la préparation de son livre sur Fatima. Voici ce qu'il dit de Jacinthe: «L'amour a agi en Jacinthe comme un moteur, un appareil de seize cylindres dans un très petit corps.» Elle était prête pour sa collaboration au plan de Paix venu du ciel, qui allait exiger un amour porté à son plus haut degré.

Chapitre 2

L'ANGE DE LA PAIX

«N'ayez pas peur, je suis l'ange de la Paix.» Avant que la Reine du Ciel ne vienne visiter les trois enfants pour leur expliquer en détail son Plan de Paix, elle les prépara à sa venue par trois rencontres avec un ange. Leur âme et l'importance du message qu'elle allait leur confier pour qu'ils l'annoncent à tout l'univers, exigeaient qu'elle les fortifie et les éclaire.

Lucie parle de la rencontre de l'ange pour la première fois dans le second Mémoire, novembre 1937. La nouvelle de ces rencontres avec l'ange, étonna même ceux qui étaient le plus familiers avec les événements de Fatima. On en compte trois et toutes eurent lieu en 1916: la première probablement au printemps, la seconde durant une chaude journée d'été, la troisième à l'automne de cette année-là. La première et la troisième eurent lieu sur le flanc rocheux d'une colline sur laquelle grimpait un champ d'oliviers. Son sommet était connu sous le nom de Cabeço. De là, on peut voir un coin de la campagne environnante et plonger son regard en bas sur le village d'Aljustrel où demeuraient les enfants. La deuxième rencontre eut lieu au puits qui est situé dans l'arrière-cour chez Lucie.

Le jour de printemps où l'ange vint pour la première fois, les enfants s'étaient retirés dans une caverne pour se mettre à l'abri de la bruine. Ils avaient terminé leur chapelet, et Lucie d'ajouter, «possiblement selon la méthode ultra-rapide», et ils jouaient aux dés avec des cailloux. Tout à coup un grand vent secoua les arbres, les enfants levèrent les yeux. Ils virent la figure d'un jeune homme qui s'approchait d'eux. Lucie le décrit ainsi: «Il paraissait un adolescent de 14 ou 15 ans et d'une très grande beauté. Il était plus blanc qu'une neige rendue transparente par le soleil. Il était fulgurant comme un cristal lumineux. Nous ayant approchés, il nous dit: 'Ne craignez pas. Je suis l'Ange de la Paix. Priez avec moi.'»

L'ange alors s'agenouilla, inclina la tête jusqu'à terre et leur fit répéter trois fois: «Mon Dieu, je crois, j'adore, j'espère et je vous aime pour ceux qui ne croient pas, qui n'adorent pas, qui n'espèrent pas et ne vous aiment pas.» Puis l'ange se releva et dit: «Priez ainsi. Les cœurs de Jésus et de Marie sont attentifs à la voix de vos supplications.» Les paroles de l'ange firent une profonde impression sur les enfants. Ils demeurèrent inclinés et répétèrent cette prière plusieurs fois. Lucie demanda à ses deux cousins de garder secrète la rencontre de l'ange, ce qu'ils firent.

Pour la seconde rencontre, l'ange vint durant une journée brûlante d'été tandis qu'ils jouissaient à l'heure de la sieste, de l'ombre qui tombait des figuiers, des amandiers et des oliviers surplombant le puits dans l'arrière-cour de Lucie. Ils étaient encore en train de s'amuser. Cette fois, ils ne virent pas l'approche de l'ange. Mais soudain, il était là près d'eux. Il dit: «Mais, que faites-vous donc? Priez, priez beaucoup! Les très saints cœurs de Jésus et de Marie ont des desseins de miséricorde sur vous. Offrez sans cesse des prières et des sacrifices au Très-Haut. » Lucie demanda: «Comment devons-nous sacrifier?» L'ange répondit: «De tout ce que vous pourrez, offrez un sacrifice à Dieu, un acte de réparation pour les péchés par lesquels il est tellement offensé, et en supplication pour la conversion des pécheurs. Ainsi, vous attirerez la paix sur votre Patrie. Par-dessus tout, acceptez et endurez avec soumission les souffrances que le Seigneur vous enverra. »

À la troisième rencontre, l'ange trouva les enfants fidèles à ses instructions. Ils étaient à genoux, prosternés la face contre terre, répétant sans arrêt la prière de l'Ange: «Ô mon Dieu, je crois, j'adore, j'espère et je vous aime, etc.» C'était au Cabeço. Cette fois, une lumière inconnue brilla au-dessus de leurs têtes, annonçant la présence de l'ange. Ils se relevèrent pour voir ce qui se passait et ils virent l'ange, tenant dans sa main gauche un calice au-dessus duquel était suspendue une hostie, d'où tombaient des gouttes de sang dans le calice. Laissant le calice suspendu en l'air, l'ange s'agenouilla à côté des enfants et leur fit répéter par trois fois:

«Très Sainte Trinité, Père, Fils et Saint-Esprit, je vous offre les très précieux Corps, Sang, Âme et divinité de Jésus-Christ, présent dans tous les tabernacles du monde, en réparation des outrages, des sacrilèges et indifférences dont Il est lui-même offensé. Et par les mérites infinis de son Très Saint Cœur et du Cœur Immaculé de Marie, je vous demande la conversion des pauvres pécheurs. »

Ensuite, l'ange donna l'hostie à Lucie et partagea le sang du calice entre François et Jacinthe tandis qu'il

23

disait: «Prenez et buvez le Corps et le Sang de Jésus-Christ horriblement insulté par les hommes ingrats. Faites réparation pour leurs crimes et consolez votre Dieu.» Après cela, l'ange répéta avec eux, prosternés ensemble jusqu'à terre, la prière qu'il venait de leur apprendre. Les enfants gardèrent la même posture et continuèrent de prier même après le départ de l'ange et jusqu'à la nuit, puis ils rentrèrent à la maison.

Comme dans les visions dont la Vierge les favorisera, seules Lucie et Jacinthe ont vu et entendu l'ange tandis que François a vu mais n'a rien entendu. Il apprit par les deux filles les paroles de l'ange. Les visions de l'ange eurent sur les enfants un effet autre que celui des visions de la Vierge. Les unes et les autres leur procuraient une grande paix dans l'âme et avivaient la présence de Dieu en eux. Mais les visites de l'ange étaient suivies d'un certain accablement physique qui leur enlevait le goût d'en parler entre eux ou avec les autres. Cette prostration demeurait forte durant quelques jours. Lucie commente ainsi les effets différents des rencontres de l'ange et des visions de la Vierge.

«Je ne sais pourquoi les apparitions de Notre-Dame produisaient des effets si différents. Nous éprouvions, dans les deux cas, la même joie intime, la même paix, le même bonheur. Mais au lieu de cette débilité physique, nous éprouvions après le départ de la Vierge, une certaine agilité expansive; au lieu de cet anéantissement en la présence de Dieu, nous exultions de joie, au lieu de cette difficulté d'en parler, un certain enthousiasme communicatif.»

Ce sentiment du surnaturel fut si grand après la deuxième rencontre de l'ange, que ni Lucie, ni Jacinthe ne purent avant le lendemain communiquer à François les paroles que l'ange avait dites près du puits. Durant la première et la troisième apparitions François évidemment entendit les mots de la prière et put s'unir aux filles qui priaient à haute voix. Quand les enfants parlaient de l'ange, une étrange et lourde impression les envahissait. «Je ne peux exprimer ce que je ressens» disait Jacinthe «mais je ne puis ni parler, ni jouer, ni chanter, ni rien faire.» François, lui, répondait: «Ça ne fait rien. C'est l'ange qui est important plus que tout. Pensons à lui.»

Les visites de l'ange furent définitivement des expériences mystiques. Nous sommes plus près de Dieu que nous l'imaginons habituellement. «C'est en lui que nous vivons, que nous nous mouvons et que nous sommes» dit saint Paul (Ac 17, 28). Les anges aussi sont toujours bien proches de nous. Il n'est pas étonnant que parfois il leur soit permis de faire sentir leur présence de façon à affecter nos sens. Lucie avait en vérité une raison spéciale de garder et de demander le silence après que l'ange fût venu la première fois vers elle et ses deux cousins. Elle avait eu auparavant une expérience semblable qui lui avait causé des petites difficultés de la part de sa famille. Quand elle commença de garder le troupeau de son père (probablement en 1915), elle se rendit un jour avec trois compagnes, Térésa, Maria-Rosa Matias et Maria Justino au Cabeço. Vers midi, elles allaient commencer la récitation du chapelet, une figure apparut devant elles, immobile en l'air au-dessus d'un bosquet d'arbres. «C'était comme une statue blanche comme la neige, à qui des rayons lumineux auraient donné une éclatante transparence.» Les quatre fillettes continuèrent de prier les yeux fixés sur cette vision qui disparut comme elles finissaient le chapelet. Les trois compagnes en parlèrent à leurs parents, tandis que Lucie n'en dit rien à personne. La nouvelle finit par arriver chez Maria-Rosa, la mère de Lucie. Elle brandit un doigt sévère et s'écria «folie de petites étourdies». Ses sœurs aussi se moquèrent d'elle à cause de cet incident. «Es-tu en train de contempler quelqu'un enveloppé d'un drap blanc?» lui demandèrent-elles, en la voyant recueillie après sa première communion.

Il y aurait une intéressante question à se poser ici. Dieu ne se serait-il détourné d'un premier choix «d'enfants de Fatima» qui n'auraient pas été à la hauteur de leur rencontre mystique avec un ange? Les aurait-il alors remplacés par les jeunes cousins de Lucie? Peut-être François et Jacinthe furent-ils des substituts qui se montrèrent dignes du choix céleste et apportèrent la coopération appropriée, attendue par le Seigneur et la Vierge. Il y a entre Dieu et sa frêle créature, l'homme, une ligne délicate de communication harmonieuse. Elle met en jeu le mystère humain de la liberté de choix. L'Esprit souffle où Il veut. Ses messagers, les anges, comptent sur le consentement comme Gabriel à Nazareth.

Les expériences mystiques ne sont pas rares dans la vie de ceux que Dieu appelle à un rôle spécial dans l'Église. Le Padre Pio, prêtre capucin italien, a porté les marques visibles des plaies de Notre-Seigneur dans ses pieds, ses mains et son côté durant 50 ans. De nombreux soldats américains stationnés à Foggia l'ont visité durant la deuxième guerre mondiale. Le frère André qui mourut à Montréal en 1937, est venu au secours de milliers de personnes d'une façon extraordinaire avec une foi qui était certainement un don spécial de Dieu, une connaissance mystique bien au-delà de l'ordinaire prudence humaine.

Une touche mystique atteint la vie de bon nombre

de personnes. Les phénomènes extérieurs ne sont pas toujours présents, mais il se produit en elles un approfondissement du sens de la présence de Dieu, une nouvelle réalisation d'un monde au-delà du visible, un sentiment plus fort de l'appel de Dieu au fond d'eux-mêmes. Lui seul connaît le nombre de cette multitude de gens qui sont très proches de lui. La course vers le matériel et le sensuel paralyse la tendance mystique. La prière, la pénitence vécue, la souffrance non pas recherchée pour elle-même, mais acceptée dans un esprit humble et confiant, demeurent les conditions ordinaires qui préparent l'âme à l'état mystique.

Toute personne, créée un peu moindre que les anges, porte en elle le désir des choses invisibles de l'au-delà. L'homme fait à l'image de son Créateur, tend à l'union avec Dieu. L'élan spontané, l'exaltation, le sentiment intime d'être possédé par une présence divine peuvent fluctuer. Mais la tendance vers Dieu demeure bien vivante et nue, prête à lutter avec les réclamations insistantes de l'esprit du monde.

Jacinthe vécut quelque chose de tout cela, mais à la façon d'une enfant, car même après les visites de l'ange et de Notre-Dame, elle demeura une enfant. Cependant les rencontres avec l'ange produisirent un changement dans sa vie spirituelle, un approfondissement de son intérêt pour les souffrances de Jésus. Souvent elle demandait à Lucie de lui en faire le récit. Elle prit conscience que les souffrances du Christ étaient la rançon de nos péchés. Elle acquit également une conviction et une certitude grandissantes que les péchés des hommes causent les guerres et que la prière et les sacrifices aident à les prévenir ou à hâter leur fin.

Même la Dame, à sa 1ère visite, trouva les enfants

priant le chapelet à l'épouvante, selon la méthode raccourcie suggérée par Jacinthe, et sûrement pas approuvée par l'ange. Jacinthe devait acquérir l'état mystique avec l'intelligence, la logique, l'expérience et les émotions d'une enfant. Quand les petits voyants furent mis en prison le 13 août, la peur et la peine de Jacinthe ne furent pas surtout d'être jetée dans l'huile bouillante comme on l'en avait menacée, mais c'était la pensée que ses parents l'avaient abandonnée. C'est ça qui la faisait pleurer. «Nous allons mourir sans avoir vu nos parents. Ils ne sont même pas venus nous voir. C'est là tout l'intérêt qu'ils ont pour nous.»

Durant les six mois que durèrent les rencontres de l'ange jusqu'à la première apparition de la Dame, Jacinthe eut le temps de s'assimiler le message, de penser et de grandir spirituellement. Elle demeura la même enfant spontanée, à la joie effervescente ou au chagrin immédiat. Elle entrait dans chaque situation avec le rire éclatant ou les larmes nombreues. Après les rencontres de l'ange, il s'établit un nouveau lien entre les trois enfants, surtout chez Jacinthe qui eut une tendance marquée vers l'isolement des autres enfants du village et de leurs jeux. Elle sentait un besoin plus grand du support de Lucie et de la compagnie de François. Sa solitude recherchait le courage que pouvaient lui apporter son compagnon et sa compagne dans cette aventure mystique.

Chapitre 3

LA DAME, TOUTE LUMIÈRE

Le temps était arrivé dans les plans de Dieu, où les trois enfants allaient vivre des expériences plus fortes, plus exigeantes et beaucoup plus belles. Il s'agit des six apparitions de celle qui, avec l'amour d'une mère, s'était tenue debout au pied de la croix où avait été cloué son Fils, Jésus. Maintenant, poussée par son amour maternel pour tous les pécheurs, elle voulait que le trio qu'elle avait choisi les ramène tous à la prière et à la pénitence afin qu'elle puisse redonner la paix au monde. Chaque fois qu'elle venait les visiter, un éclat de lumière la précédait et annonçait sa présence toute proche. Parfois d'autres personnes, en plus des trois enfants, voyaient cette lumière. Quand elle partait, elle s'en allait dans une lumière si grande qu'elle faisait pâlir le soleil et permit ainsi à des milliers de gens, le 13 octobre, de le fixer sans que leurs yeux en souffrent.

Marie à Fatima a été appelée la Dame, toute Lumière. En plus de la lumière qui parfois était visible pour tous, il lui arriva plusieurs fois d'ouvrir ses mains durant la série des apparitions, et alors des rayons de lumière s'en échappaient, pénétraient dans le cœur des enfants et leur apportaient des clartés nouvelles et une nouvelle intelligence des vérités importantes de la foi, tandis qu'ils baignaient dans un sentiment intense de paix et de bonheur.

Dimanche, le 13 mai 1917, les enfants allèrent à la première messe. Ensuite, ils conduisirent leurs brebis au pâturage et récitèrent leur habituel mini-chapelet. Ils se mirent à construire des petits châteaux avec des pierres. François, le nonchalant, avait été favorisé de la meilleure part. Jacinthe et Lucie apportaient les pierres et François bâtissait. Soudain un éclair traversant le ciel, les effraya. Croyant qu'un orage allait éclater, ils commencèrent à réunir les brebis pour rentrer au plus vite à la maison. Un autre éclair traversa le ciel sans nuage, et aussitôt ils virent debout sur un chêne vert, une Dame d'une beauté sans pareille, «vêtue tout de blanc, plus brillante que le soleil...»

«N'ayez pas peur, je ne vous ferai pas de mal», leur dit la Dame. Lucie lui demanda d'où elle venait. «Je viens du ciel.» «Et que voulez-vous?» s'informa Lucie. Jacinthe, jamais tout au long des apparitions n'adressa la parole à la Dame. Elle ne fit que la voir et l'écouter. «Je suis venue vous demander de venir ici durant six mois consécutifs, le 13e jour, à la même heure. Je vous dirai plus tard qui je suis et ce que je veux. Puis je reviendrai encore une septième fois.»

«Et moi, est-ce que j'irai au ciel?» demanda Lucie. «Oui, tu viendras au ciel.» «Et Jacinthe?» «Oui.» «et François?» «Lui aussi, mais il devra dire beaucoup de chapelets.» François, à ce moment, vit la lumière qui l'entourait et qui dénotait la présence de la Vierge, mais elle, il ne la voyait pas. Il suggéra de lancer une pierre pour bien s'assurer que celle à qui Lucie s'adressait était bien réelle. Lucie lui transmit la demande suivante de la part de la Dame: «Qu'il dise le chapelet et il me verra.» François prit son chapelet et au moment où il achevait la première dizaine, il vit la Dame.

Jacinthe, dans sa bonne petite tête d'enfant, pensa que la Dame devait avoir faim puisqu'elle était venue de si loin. «Lucie, dit-elle, demande à la Dame si elle a faim. Nous avons encore du pain et du fromage.» François devint inquiet à la pensée que les brebis pourraient manger les légumes dans le jardin du voisin. Lucie lui affirma que la Dame avait dit qu'il n'en serait rien et François se calma.

Lucie enfin s'informa si deux filles mortes récemment étaient au ciel. La Dame répondit que l'une d'elles était au ciel, l'autre au purgatoire. La Dame leur posa alors cette question: «Voulez-vous vous offrir à Dieu afin d'endurer toutes les épreuves qu'il lui plaira de vous envoyer, en réparation des péchés par lesquels il est offensé, et en supplication pour obtenir la conversion des pécheurs?» Lucie répondit: «Oui, nous le voulons.» «Alors vous souffrirez beaucoup mais la grâce de Dieu sera votre réconfort.»

À ce moment, la Dame ouvrit ses mains et une lumière en jaillit vers les enfants. «Cette lumière», dira plus tard Lucie devenue adulte, «pénétra notre cœur dans ses profondeurs les plus secrètes et nous permit de nous voir nous-mêmes en Dieu, qui était cette lumière, d'une façon plus claire que si nous nous étions vus dans un miroir. Ensuite, nous nous sommes sentis poussés par une impulsion intérieure, venant de lui, à nous agenouiller, tandis que nous répétions en nous-mêmes: 'Très Sainte Trinité, je vous adore. Mon Dieu, mon Dieu, je vous aime dans le Très Saint Sacrement.'»

Les dernières paroles de la Dame en ce 13 mai,

furent: «Dites le chapelet tous les jours pour obtenir la paix et la fin de la guerre.» (Il ne faut pas oublier que la première guerre mondiale faisait rage au temps de ces apparitions.) La Dame s'éleva dans les airs et disparut graduellement en se dirigeant vers l'est «toujours entourée de cette très brillante lumière qui semblait lui ouvrir le chemin dans la myriade des galaxies étoilées».

La Dame ne leur demanda pas le secret sur cette visite, mais ils convinrent solennellement d'un commun accord de ne le dire à personne. Lucie savait très bien que sa mère, Maria Rosa, n'accepterait pas de bon gré une telle histoire. Jacinthe garda exactement le secret promis jusqu'au moment où, sur la route, elle vit ses parents qui revenaient de Batalha dans la veillée. Elle courut vers sa mère et dans une explosion enthousiaste elle fit la description de la belle Dame qui leur était apparue à la Cova da Iria. Elle montrait par les gestes de ses bras et de ses mains comment la Dame joignait les mains et tenait son chapelet. «Quand elle rentra au ciel, conclut Jacinthe, les portes m'ont paru se fermer si rapidement que j'ai cru que ses pieds allaient s'y trouver coincés.»

On discuta fort, ce soir-là, chez les Martos. C'était une famille nombreuse. Senhora Olympia avait eu deux enfants d'un précédent mariage et neuf autres après son mariage avec Senhor Marto. Jacinthe, en tant que la plus jeune, jouissait d'une belle enfance, portée sur les genoux des uns et des autres, choyée et centre d'intérêt spécial. Voilà maintenant que le bébé de la famille avait quelque chose de plus que les charmes de sa jeunesse à offrir: une histoire merveilleuse! Les garçons rirent de leur petite sœur. Les filles furent fascinées. Olympia prit le tout à la légère. Ti Marto, un homme bien équilibré et modéré, conclut: «Depuis le temps, Notre-Dame est apparue bien des fois et de différentes manières. Ce fut toujours d'un grand secours pour tous. Si le monde est à l'envers aujourd'hui, ça serait bien pire si elle n'était pas intervenue dans le passé. Le pouvoir de Dieu est immense.»

Graduellement la nouvelle se répandit grâce à Olympia. Elle avait cru devoir réprimander Jacinthe, mais, avec un petit air taquin, elle s'en était ouverte aux voisins. Le circuit rejoignit Lucie par Maria dos Angelos, sa sœur aînée. Maria avait vingt ans, à l'époque. Elle raconte: «Les premières rumeurs à propos d'une chose extraordinaire qui serait arrivée sur la Cova da Iria, à ma sœur et à ses jeunes cousins, François et Jacinthe, nous sont parvenues par nos voisins. Nous avons été bouleversés quand nous avons saisi le point essentiel — visions de Notre-Dame ou quelque chose de la sorte — parce que ces gens sont naturellement portés à se moquer des enfants car, vous le savez, nous avons ici des gens positifs et pleins de bon sens, mais rien ne nous rendrait plus ridicules aux yeux de tous que des histoires farfelues comme celles-ci, si elles étaient soutenues par nos enfants. Je n'ai rien dit à Lucie au début, mais je l'observais. Elle me semblait plus sérieuse et préoccupée que la normale pour une enfant de 10 ans; mais à part ça, elle était naturelle et assez joyeuse. Après plusieurs jours, j'acquis la certitude qu'il se passait quelque chose d'extraordinaire dans son esprit... Je me suis assise à côté d'elle et commençai d'entamer le sujet par un détour, lui parlant des propos absurdes et des rumeurs qui circulaient dans le village. Elle en fut très bouleversée et s'étonnait que la chose se soit ébruitée parce que, d'après elle, les trois s'étaient entendus pour garder le secret.

Je lui dis qu'il semblait bien que c'était Jacinthe qui n'avait pu se retenir…»

Le père de Lucie, Antonio Santos, était surnommé «la citrouille» par les gens d'Aljustrel. Il était bien connu pour sa facilité de lever le coude dans la taverne du village. Il se tira de la chamaillerie en déclarant que tout cela n'était que cancans de vieilles femmes. Sa mère, Maria Rosa, personne dévote et rigide, faible de santé, ne ménageait pas ses mots surtout contre Lucie qu'elle accusait de mensonge. Les choses furent pénibles pour Lucie tout le temps des apparitions. Elles venaient s'ajouter alors que sa famille vivait déjà une situation très dure. Son père avait perdu une partie de son terrain. Deux de ses sœurs avaient quitté la maison pour se marier, laissant leurs besognes habituelles à la charge de la famille. Sa mère avait une lésion au cœur, des reins en mauvais état et l'épine dorsale disloquée. Lucie de fait avait hérité de l'emploi de bergère, à cause de ces changements dans la famille. Ce n'est donc pas surprenant que la mère de Lucie trouvât insupportable les troubles causés par ces visions qu'elle considérait comme de pures inventions des enfants. Le curé de la paroisse, l'abbé Manuel Ferreira, était excédé par toute cette affaire. «Jusqu'à présent, je n'ai jamais rien entendu de pareil. Tout le monde est au courant avant moi.»

À mesure que les événements se déroulaient, les enfants se voyaient coincés entre les gens bienveillants et les vilains, entre les dévots et les sceptiques. Quelques-uns les ridiculisaient. D'autres leur lançaient des pierres. À mesure que les mois s'accumulaient, les foules venaient et piétinaient les pâturages. Leurs chevaux mangeaient l'herbe des brebis. Éventuellement, les brebis devaient être vendues. Les enfants étaient

34

assiégés par d'innombrables enquêteurs. On les appelait les marionnettes du pape. À la suite de Marie Rosa, quelques femmes du village n'hésitaient pas à frotter les oreilles de Lucie. La fermeté paternelle de Ti Marto protégeait ses cousins. Jacinthe, assoiffée de sacrifices, confiait à Lucie: «Je souhaiterais que mes parents soient comme les tiens. Alors, je serais battue moi aussi et j'aurais un autre sacrifice à offrir à Jésus.»

En ce lundi, 14 mai 1917, les épreuves ne faisaient que commencer. Comme il arrive toujours dans le cours normal de la vie, les plus gros sacrifices échapperaient au contrôle immédiat de la volonté, elles viendraient des autres, des circonstances, de la maladie. Les trois enfants, dans leur générosité et la force toute neuve que leur avait imparties la Dame de Lumière, n'attendirent pas passivement que viennent les sacrifices. Le premier jour, à la suggestion de François, ils s'imposèrent de donner leur goûter à leurs brebis. Celles-ci festoyèrent sur les sandwiches des enfants, et les trois bergers mangèrent des glands dont le goût amer les faisait grimacer. Dans les jours et les mois suivants, ils donneront fréquemment leurs tartines à quelques enfants pauvres. Eux prenaient des fruits aux arbres ou des graines de pin, des racines de vigne et des olives.

Souvent ils prolongeaient le temps avant de boire et offraient ce sacrifice en faveur des pécheurs ou pour la paix. Un après-midi brûlant de soleil, poussés par une soif ardente, ils demandèrent de l'eau dans une maison toute proche. La bonne dame leur en fournit une pleine cruche et un morceau de pain. Lucie présenta la cruche à François. Il répondit: «Non, je ne veux pas boire. Je veux souffrir pour les pécheurs. Bois toi, Jacinthe.» Jacinthe aussi se détourna du breuvage qui la tentait. «Je veux moi aussi me sacrifier pour les pécheurs.» Lucie versa l'eau dans le réservoir en pierre des brebis et reporta la cruche vide chez la voisine. La chaleur devint plus intense. Les sauterelles et les criquets joignirent leur tintamarre à la clameur intolérable des grenouilles cachées dans un marais voisin. «Dis aux sauterelles et aux grenouilles de se taire, j'ai un mal de tête horrible», s'écria Jacinthe. François lui dit: «Ne veux-tu pas offrir cela pour les pécheurs?» Et Jacinthe serrant sa tête entre ses deux mains répondit: «Oui, je le veux. Laisse-les chanter.»

Comme la pression s'appesantissait sur la famille, Maria Rosa réprimandait instamment Lucie l'accusant de mensonge, utilisant même le manche à balai pour la corriger. «Comment puis-je dire que j'ai menti?» demandait Lucie, tout en larmes, à ses petits cousins. François, se tournant vers Jacinthe, lui adressa ce reproche: «Tu vois? C'est ta faute si cela lui arrive. Pourquoi as-tu parlé?» Jacinthe se mit à pleurer, puis se jetant à genoux, elle leva ses mains pour mendier son pardon. «J'ai mal fait, je ne dirai plus rien à personne.» Lucie qui raconte ceci dans le premier Mémoire fait cette remarque à propos de cet acte inhabituel d'humilité. «À mon avis, Jacinthe est celle à qui la Vierge a accordé les plus nombreuses grâces et une meilleure connaissance de Dieu et de la vertu.»

Maria Rosa amena Lucie, un matin, chez le curé avec l'ordre de se mettre à genoux et de dire au prêtre qu'elle avait menti. En chemin elle s'arrêta pour voir Olympia, sa belle-sœur. (Le père de Lucie et la mère de Jacinthe étaient frère et sœur.) Lucie eut la chance de dire à Jacinthe ce qui se passait. Jacinthe appela François et tous deux allèrent prier à l'écart, près du puits dans l'arrière-cour de Lucie, jusqu'au retour de

Lucie et de sa mère. Jacinthe courut embrasser sa cousine et lui demanda comment les choses s'étaient passées au presbytère. Lucie lui ayant dit qu'elle était restée ferme sur ses positions, Jacinthe toute joyeuse, s'écria: «Tu vois, nous ne devrions jamais avoir peur de rien. La Dame nous protégera toujours. Elle est tellement une grande amie.»

Il n'y avait rien de guindé dans la manière dont les enfants acceptaient La Dame des apparitions. Quelquefois ils la nommaient NOTRE-DAME et d'autres fois *La Dame*. Comme le disait, à l'instant, Jacinthe d'une façon tellement simple, directe, sans cérémonie — La Dame est tellement une grande amie.

À mesure que des difficultés multiples se présentaient, Jacinthe, ne voulant pas que ni l'une ni l'autre ne perde une occasion d'aider les pauvres pécheurs, avait pris l'habitude de demander: «As-tu pensé de dire à Jésus que c'était pour son amour?» Si Lucie disait: «Non», elle disait: «Alors, je vais le lui dire pour toi.» Elle joignait alors ses mains, levait les yeux au ciel et disait: «Jésus, ceci c'est pour ton amour et la conversion des pécheurs.»

Le 13 juin était un grand jour pour la paroisse de Fatima, parce que c'était la fête de saint Antoine, son patron. Le temps était clair et chaud. Après la messe, les Martos partirent pour le marché, les Santos allèrent assister aux festivités de la paroisse. Un groupe de cinquante personnes composé de curieux et de dévots — parmi lesquelles on comptait quatorze filles amies de Lucie — la suivit à la Cova da Iria avec ses deux cousins. Maria Correira de Moita vint avec Jean, son fils, un infirme de 17 ans. Plus tard, elle sera connue sous le nom de Maria de Capelinha (Marie de la Chapelle), et prendra soin de la petite chapelle de Fatima. Le groupe disait le chapelet. Vers midi, Maria de Capelinha entendit Lucie crier: «Jacinthe, voici Notre-Dame. La lumière est là.» Maria de Capelinha et quelques autres entendirent en plus quelque chose comme une petite voix, très faible, mais elles ne purent comprendre ce qu'elle essayait de dire, comme elle en a témoigné elle-même plus tard. Durant plusieurs années, elle se rendit très utile aux pèlerins et aux différents auteurs qui cherchaient des données précises sur les événements de Fatima.

En ce 13 juin, la Dame apprit aux enfants la prière que des millions de personnes utilisent depuis, entre les dizaines du chapelet. «Ô mon Jésus, pardonnez-nous nos péchés, préservez-nous du feu de l'enfer et conduisez au ciel toutes les âmes, spécialement celles qui ont le plus besoin de votre miséricorde.» La Dame a dit à Lucie que c'était sa volonté qu'elle apprenne à lire et à écrire. Elle lui promit qu'un certain malade serait guéri en moins d'un an, s'il se convertissait.

Lucie demanda: «Nous amènerez-vous au ciel avec vous?» «Oui, bientôt je viendrai prendre Jacinthe et François. Quant à toi, tu demeureras ici plus longtemps. Jésus veut se servir de toi pour me faire connaître et aimer. Il veut établir dans le monde la dévotion à mon Cœur Immaculé. Je promets le salut à ceux qui la pratiqueront et leurs âmes seront aimées de Dieu comme des fleurs placées par moi-même pour orner son trône.» Quand Lucie tout en larmes, s'informa si elle allait rester toute seule, la Dame lui dit: «Est-ce que cette pensée te cause une grande souffrance? Sache que je ne t'abandonnerai jamais. Mon Cœur Immaculé sera ton refuge et le chemin qui te conduira à Dieu.»

Alors la Dame, comme elle l'avait fait durant sa première visite, ouvrit ses mains. Lucie décrit la scène et l'interprète ainsi dans le troisième Mémoire: «Elle ouvrit ses mains et perça nos cœurs avec cette lumière qui ruisselait de ses paumes. Il semble que le premier but de cette lumière était de nous donner une connaissance spéciale et un plus vif amour du Cœur Immaculé de Marie tout comme en deux autres occasions ce geste lumineux avait augmenté notre connaissance de Dieu et du mystère de la Sainte Trinité. À partir de ce jour, nous avons senti dans nos cœurs un amour plus grand pour le Cœur Immaculé de Marie.»

Dans le quatrième Mémoire, Lucie mentionne une question de François posée après l'apparition du 13 juin. «Pourquoi la Dame avait-elle dans sa main un cœur qui répandait sur le monde une si grande lumière qui était Dieu. Toi, tu étais avec Notre-Dame dans la lumière qui descendait vers la terre, Jacinthe et moi nous étions dans celle qui montait au ciel.» Lucie lui expliqua que c'était pour qu'il comprenne que lui et Jacinthe iraient bientôt au ciel tandis qu'elle resterait encore quelque temps sur la terre avec le Cœur de Marie.

Maria de Capelinha décrit aussi la fin de l'apparition du mois de juin: «Lucie se leva d'un bond et les bras étendus, cria: 'Regardez, elle part, elle s'en va.' Nous ne vîmes rien si ce n'est à quelques pouces au-dessus du chêne vert, un petit nuage qui s'élevait très lentement et partit vers l'est, jusqu'à ce qu'il disparût dans le lointain. Quand nos regards revinrent vers l'arbre miraculeux, quelles ne furent pas notre surprise et notre admiration de constater que les tiges du sommet qui étaient bien droites auparavant, étaient maintenant toutes penchées vers l'est, comme si quelqu'un s'était placé dessus. Alors nous nous sommes mis à arracher des brindilles et des feuilles du haut de l'arbre, mais Lucie nous demanda de ne prendre que celles du bas qui n'avaient pas été touchées par Notre-Dame.

Le groupe des cinquante récitèrent les litanies de la Sainte Vierge avant de quitter la Cova et ensuite, ils se dispersèrent, chacun allant chez-soi ou à ses diverses occupations. Maria de Capelinha, les trois enfants et quelques autres personnes se rendirent à l'église et arrivèrent juste à temps pour la procession avec la statue de saint-Antoine. Comme le trio retournait à la maison un peu plus tard après la fête de la paroisse, ils durent payer plus cher encore le prix pour le choix dont ils avaient été l'objet de la part du ciel, en vue de leur mission toute spéciale. On leur disait: «Comment! vous êtes encore de ce monde?» «Quand est-ce que vous partez pour le ciel?» «Jacinthe, le chat tient-il toujours ta langue entre ses dents?» «La Dame vous a-t-elle parlé encore?» «Jacinthe, es-tu vraiment une sainte?»

Chapitre 4

LE SECRET

La période des visions entre juin et juillet fut la plus critique dans la série des visites de Marie à Fatima, parce que l'une des visionnaires a failli tout laisser tomber. Lucie, en effet, avait déjà décidé de ne pas retourner à la Cova pour le rendez-vous avec la Dame. Nous pouvons juger de l'étendue de sa désolation pour qu'elle en arrive à une pareille décision, si on la compare aux grâces spéciales déjà reçues de Dieu et à son enthousiasme des débuts. Le rendez-vous de juin l'avait remplie de joie et de force. Elle en était restée toute rayonnante. À l'approche de la rencontre promise pour juillet, elle déclarait à ses cousins qu'elle n'irait pas.

Jacinthe inconsciemment avait sa part de responsabilité dans le bouleversement de Lucie. Elle eut beaucoup à faire pour gagner finalement Lucie à se rendre au désir de la Dame. Après la visite de juin, Jacinthe brûlait de dire à sa mère les merveilles dont elle avait été le témoin, et spécialement la promesse de la Dame de l'amener bientôt au ciel avec François. Mais elle se borna à la description de la beauté extraordinaire de la Dame. La famille sortit des portraits, puis la référa à diverses statues, ou à des beautés féminines connues, en lui disant: «Est-ce que la Dame était plus belle que...?» Et la réponse était toujours «ah! beaucoup plus belle!»

Jacinthe s'extasiait sur la beauté de la Dame. Mais dans l'intime de son cœur, ce qui faisait ses délices, c'était la certitude de la voir pour toujours au ciel et aussi la prédiction que bientôt la Dame viendrait la chercher avec François. À propos de cette prédiction, Jacinthe employa un mot qui eut une forte répercussion sur toute l'histoire de Fatima, sur elle-même et sur les deux autres voyants, sur leurs familles et sur des millions de gens depuis lors. Jacinthe laissa tomber ces mots: «Elle nous a dit un secret que nous ne pouvons dire à personne.» Ce fut le déclenchement de la curiosité universelle! L'intérêt s'intensifia partout à commencer par la famille Marto. Tous, excepté Ti Marto, s'efforçaient de connaître le secret. Lui, répétait à tous: «Un secret est un secret et il doit être gardé.» Toutefois la Sainte Vierge n'avait pas demandé aux enfants de tenir secret ce qu'elle venait de leur dire. Ce n'est que le mois suivant qu'elle leur enjoindra de ne pas raconter, pour le moment, certaines parties de son message. Après cela, Jacinthe, la petite fille qui ne pouvait retenir sa langue au début, était prête à mourir plutôt que de révéler les items sur lesquels la Vierge avait requis le silence. Au mois d'août, littéralement menacés d'être jetés vivants dans l'huile bouillante par l'Administrateur d'Ourem s'ils ne lui disaient pas «le secret», les trois enfants demeurèrent inébranlables.

Si Marie avait parlé à des adultes, il est probable que ceux-ci n'auraient jamais employé, par prudence, le mot «secret», qui suscita tant de troubles. Ils auraient sans doute raconté les faits et auraient passé sous silence ce qui ne devait pas être publié. Bien plus, non seulement des adultes n'en auraient pas parlé, mais même Lucie et François ne l'auraient pas mentionné. En somme, à y bien penser, il semble ridicule qu'il en soit résulté un tel conflit entre ces tout petits bergers et l'administrateur de comté et d'autres qui ne croyaient pas. Pourquoi vouloir connaître un secret qu'ils jugeaient le fruit d'imaginations enfantines? Il était également déplacé pour les croyants de vouloir faire une pression indue, spécialement sur des enfants, pour qu'ils révèlent ce que la Sainte Vierge leur aurait dit de tenir caché. Ti Marto s'est montré le plus sensé. «Un secret est un secret et il doit être scellé.»

Si Jacinthe avait été agent de publicité ou de relations publiques, elle n'aurait pu choisir un meilleur mot pour susciter l'intérêt et promouvoir la discussion et la controverse. De hameau en village, dans toute la contrée environnante, la nouvelle se répandit. Il en résulta que le 13 juillet, une foule se chiffrant par milliers se rendit à la Cova da Iria, pour voir ce qui allait se passer. Alarmées par tout ce monde, se pressant à dos d'âne ou de mulet, et craignant pour la sécurité de leurs enfants, les deux mères Olympia et Maria Rosa, décidèrent d'y aller elles-mêmes, mais en retrait, cachées, incognito. Elles emportaient des cierges bénits contre toute manifestation possible du démon.

Voilà quelle fut la cause du bouleversement intérieur de Lucie — le diable. Sa mère l'avait conduite avec ses cousins chez le curé pour que le père Ferreira les questionne. Il avait demandé qu'on lui amène les enfants parce que toute cette affaire avait pris des proportions insolites. Maria Rosa espérait que le bon Curé en découvrirait la fausseté, règlerait une fois pour toutes leurs chamailleries afin que sa famille puisse de nouveau vivre en paix. Jacinthe prit son chapelet et ne dit rien durant son entrevue. François parla très peu. Lucie défendait la réalité des apparitions de la Dame. Les enfants avaient été reçus avec bonté de la part du curé et de sa sœur. Seulement, le saint homme ne savait pas au juste quoi faire avec ses petits paroissiens. Peut-être se cachait-il quelque manigance derrière eux. Il ne doutait nullement de leur sincérité personnelle. Mais il était frappé de l'aisance avec laquelle ils se tiraient de toutes les questions des enquêteurs. Cela lui fit supposer que peut-être le démon montait ici, pour la joie des sceptiques, heureux de ridiculiser l'Église, un scénario pour nuire aux âmes. Il mit Lucie en garde contre les embûches du démon. Maria Rosa n'en finissait pas de rappeler cet avertissement à sa fille. Cela mit le comble à l'angoisse de Lucie. Elle en vint à penser que la meilleure chose à faire serait de dire que tout cela n'était que mensonge. Elle commença à craindre que cela pourrait être l'œuvre du diable.

Jacinthe lui disait: «Non, non, ça ne peut pas être le diable. Tout le monde dit que le diable est très laid et qu'il vit sous la terre et cette Dame est tellement belle. Nous l'avons vue monter au ciel.» Jacinthe et François de concert essayaient ainsi de convaincre Lucie. Enfin les deux plus jeunes décidèrent qu'ils iraient sans Lucie. Jacinthe consentit même à parler à la Dame, malgré qu'il lui en coûtât beaucoup. Lucie lui fit cette recommandation: «Si elle s'informe de moi, dis-lui que j'ai peur que ce soit le diable qui nous l'envoie.» Mais au dernier moment les doutes et les angoisses de Lucie disparurent; elle courut chez ses cousins et trouva Jacinthe et François agenouillés au pied du lit, priant et pleurant. Ils ne pouvaient se résoudre à partir sans elle pour la Cova. Maintenant, tous les trois, ils s'en allaient tout joyeux au rendez-vous de la Dame. Le diable avait presque gagné la partie. Il savait sans doute que quelques-uns de ses secrets allaient ce jour-là être dévoilés.

Lucie parle du fameux SECRET DE FATIMA dans le troisième Mémoire. Le but principal de ce troisième Mémoire est d'élucider quelques détails de la vie de Jacinthe. Lucie explique: «Le secret est composé de trois parties différentes, dont voici les deux premières. La première est la vision de l'enfer... ensuite la dévotion au Cœur Immaculé de Marie...»

Le secret fut révélé aux enfants durant l'apparition de juillet. Le fait que Lucie rattache étroitement le secret à Jacinthe montre bien que la visite de Marie en juillet, apporte un aperçu spécial pour comprendre Jacinthe. À partir de juillet, et constamment dans la suite, la lutte de Jacinthe pour arriver à sa maturité spirituelle s'est centrée sur les vérités suivantes. Dans sa lettre à l'évêque de Leiria qui accompagnait le troisième Mémoire, Lucie suggère que le livre de JACINTHE, devant être publié bientôt, devrait avoir un chapitre intitulé «l'enfer» et un autre sur «le Cœur Immaculé de Marie».

Les événements de l'apparition de juillet sont décrits par Ti Marto, et rédigés par le père Jean De Marchi. «Je quittai la maison bien décidé à voir tout ce qui allait se passer. Je n'arrivais pas à croire que les enfants contaient des mensonges. Combien de fois n'avais-je pas dit à ma belle-sœur 'Maria Rosa, si les gens disent que tout cela n'est que des inventions des parents, toi et moi nous savons que ce n'est pas vrai. Nous ne les avons jamais encouragés tant soit peu. Même si le père Ferreira dit que c'est peut-être l'œuvre du démon'.»

Par cette remarque sur les racontars qui accusaient les parents, le père de Jacinthe ouvre une nouvelle fenêtre sur les pressions dont les familles des enfants étaient victimes. Il continue:

«Mais quelle foule énorme ce jour-là! Je ne pouvais voir les enfants à cause du nombre immense de gens près du chêne vert de la Cova. Je continuais de m'avancer de plus en plus près, et enfin je pus voir deux hommes, un de Ramila et l'autre de Fatima, ils essayaient de faire barrière autour des enfants pour empêcher que la foule ne les écrase. Ces hommes me virent, ils me prirent par le bras et ils crièrent à la foule, 'voici le père, laissez-le passer'. C'est ainsi que je parvins à l'arbre, tout près de ma Jacinthe. Je pouvais voir Lucie placée un peu plus loin. Elle conduisait le chapelet et le peuple répondait à haute voix. À la fin du chapelet, elle se leva d'un bond. 'Fermez vos parasols', cria-t-elle aux gens qui les avaient ouverts pour se protéger contre l'ardeur du soleil, 'La Dame s'en vient.' Elle regardait vers l'est, et moi de même, mais je ne vis rien d'abord. Bientôt cependant, je perçus comme un petit nuage gris qui reposait sur le chêne vert. La chaleur du soleil était devenue moins intense. Une fine brise, toute fraîche, soufflait, on ne se serait pas cru au zénith de l'été. La foule était silencieuse, d'un silence impressionnant, et alors j'entendis un petit bruit, tel un bruissement continu, comme celui d'un moustique dans une bouteille. Je ne pus saisir aucun mot, seulement ce bruissement. J'ai souvent pensé qu'une conversation au téléphone devait ressembler à cela, car je n'ai jamais utilisé le téléphone. Que peut bien être ce bruissement? me demandai-je? Est-il proche? Est-il loin?»

Ce bourdonnement, ou le son bas d'une voix étouffée, ainsi que le petit nuage qui venait, planait et repartait, furent constatés par de nombreuses personnes présentes à des visites ultérieures de Marie. Le père De Marchi fait ici un commentaire valable: «Pourquoi exactement Dieu choisit-il de peindre ses tableaux avec des couleurs qui semblent pâle pour les uns, et vives pour les autres, nous n'avons pas la prétention de le savoir.»

Au début de la visite de Marie en juillet, Jacinthe dit à Lucie: «Fais attention, la Dame te parle.» Lucie demanda à la Dame: «Que voulez-vous de moi?»

«Je veux que tu reviennes ici le 13 de chaque mois. Continue de dire le chapelet tous les jours en l'honneur de Notre-Dame-du-Rosaire, pour obtenir la paix dans le monde et la fin de la guerre, parce que Elle seule peut nous l'obtenir.» Lucie demanda alors si la Dame ferait quelque chose pour que le monde croie qu'elle était réellement venue et qu'elle lui avait parlé ainsi qu'à François et à Jacinthe. Elle lui demanda aussi de vouloir bien dire son nom. La réponse fut: «Il vous faut venir ici chaque mois, et en octobre je vous dirai qui je suis et ce que je veux. À ce moment-là je ferai un miracle afin que tous puissent croire.»

Parmi les nombreuses questions en rapport avec des cures possibles transmises alors par Lucie à la Sainte Vierge en faveur de diverses personnes, l'une d'elles concernait le fils de Maria de Capelinha. Marie répondit qu'il ne guérirait pas et demeurerait dans sa pauvreté. Il devait voir à dire le chapelet tous les jours en famille. (Jean Carreira demeura infirme, et plus tard devint le sacristain de la chapelle de la Cova.)

«Sacrifiez-vous pour les pécheurs, et dites souvent, spécialement quand vous faites un sacrifice: 'Mon Jésus, c'est pour votre amour et pour la conversion des pécheurs et en réparation pour les péchés commis contre le Cœur Immaculé de Marie.'» Après cet avertissement, Marie ouvrit ses mains comme elle l'avait déjà fait deux fois. La lumière qui s'en échappait sembla pénétrer la terre. Ce fut alors l'origine du secret. Lucie décrit en ces termes ce que virent les enfants.

«La Dame nous montra une immense mer de feu qui semblait être sous la surface de la terre. Plongées dans ce feu, nous voyions des âmes qui ressemblaient à de la braise transparente, elles étaient noires ou couleur de bronze, avec des formes humaines qui étaient projetées en l'air par les flammes et la fumée, et retombaient de tous côtés comme les étincelles d'un brasier, sans poids, ni équilibre, au milieu de hurlements et de plaintes de douleurs et de désespoir, qui nous horrifiaient et nous faisaient trembler de frayeur. Les démons eux se distinguaient sous l'apparence de toutes sortes d'espèces d'animaux aux formes horribles et dégoûtantes, effrayantes et inconnues, mais transparentes et noires. Cette vision ne dura qu'un moment. Heureusement que notre bonne mère céleste nous avait promis dans la première apparition de nous amener au ciel. Sans cela, je pense que nous serions morts de crainte et d'horreur.»

«Peu après nous avons levé les yeux vers Notre-Dame, qui nous a dit avec bonté et tristesse: 'Vous venez de voir l'enfer où vont les pauvres pécheurs. Pour les sauver, Dieu désire établir dans le monde la dévotion à mon Cœur Immaculé. Si les hommes font ce que je vais vous dire, beaucoup d'âmes seront sauvées et il y aura la paix. La guerre va finir bientôt. Mais s'ils n'arrêtent pas d'offenser Dieu, une autre guerre encore pire que celle-ci commencera durant le règne de Pie XI. Quand vous verrez une nuit illuminée d'une lumière inconnue, sachez que c'est le grand signe que Dieu vous donne, qu'il va punir le monde par le moyen de la guerre, de la faim et des persécutions de l'Église et du saint Père. Pour prévenir ceci, je viendrai demander la consécration de la Russie à mon Cœur Immaculé, et la communion réparatrice des premiers samedis du mois. S'ils écoutent mes demandes, la Russie se convertira, et il y aura la paix. Sinon la Russie répandra ses fausses doctrines partout, provoquant guerres et persécutions contre l'Église. Les bons seront martyrisés, le saint Père souffrira beaucoup et diverses nations seront anéanties. À la fin cependant, mon Cœur Immaculé triomphera, le saint Père me consacrera la Russie, qui se convertira, et un certain temps de paix sera donné au monde.' » (voir appendice B)

La vision de juillet fit la plus grande impression sur Jacinthe. Nous pouvons dire que la Sainte Vierge a conduit cette enfant bénie à travers l'enfer afin d'en conduire beaucoup d'autres au ciel; elle l'amena au pays où la paix n'existe pas afin d'aider le genre humain à trouver la paix sur la terre. Toutefois cette révélation leur fut communiquée seulement après que la Vierge leur eut assuré, par deux fois, qu'ils iraient au ciel, la première en mai, la seconde en juin. De sorte que Jacinthe n'eut pas à s'inquiéter de son sort, sur la possibilité pour elle de se perdre ou d'avoir à subir les souffrances des âmes damnées et des démons si épouvantablement représentées dans son extraordinaire expérience mystique. Premièrement, un ange était venu fortifier l'âme des enfants; ensuite la douce voix de Marie leur avait dit des paroles rassurantes et prometteuses, et en plus elle les avait fortifiés par des grâces d'illumination, symbolisées par des rayons de lumière.

Lucie répond de la façon suivante aux questions de plusieurs au sujet de la cause qui a pu amener Jacinthe à un si haut degré d'intelligence de la prière et de la pénitence, et à une aussi grande générosité à faire des sacrifices. «Selon moi, dit-elle, il faut attribuer cela premièrement à une grâce spéciale qui lui fut accordée par Dieu grâce à la médiation du Cœur Immaculé de Marie; deuxièmement, à la vision de l'enfer et des malheureuses âmes qui y tombaient.»

À la fin de son cheminement vers la maturité spirituelle, peu de temps avant d'entrer à l'hôpital, Jacinthe encouragea Lucie à ne pas avoir peur de proclamer aux moments opportuns les informations spéciales reçues sur les plans de Dieu. La partie immédiatement urgente à faire connaître de son Plan de Paix était que chacun devait amender sa propre vie, cesser de pécher, se tourner vers la prière et faire des sacrifices pour ceux qui négligent de se convertir. Le grand secret confié aux enfants consiste en ce que la paix et le Cœur Immaculé de Marie sont étroitement liés dans le plan de Dieu pour sauver l'humanité. De sorte que Jacinthe, dans les derniers mois de sa vie, si courte mais si pleine, parle en petit vétéran, comme le pionnier qui a compris et a accompli exactement ce que Dieu demande. Elle disait à Lucie de ne pas craindre de proclamer le secret.

«Moi, bientôt j'irai au ciel. Toi, tu resteras pour faire connaître à tous le désir de Notre-Seigneur d'établir dans le monde la dévotion au Cœur Immaculé de Marie. Quand le temps sera venu de parler, tu ne devras pas hésiter, mais tu diras à tous que Dieu nous accorde ses grâces par le Cœur Immaculé de Marie, que c'est par elle qu'il nous faut les demander, qu'il nous faut nous adresser à elle pour les obtenir, que le Cœur de Jésus désire être honoré conjointement avec le Cœur de Marie, parce que Dieu lui a confié la paix. Oh! si seulement je pouvais mettre dans le cœur de tous, le feu brûlant qui est en moi et qui me fait tant aimer les Cœurs de Jésus et de Marie.»

Pourquoi Dieu voudrait-il confier la paix au Cœur Immaculé de Marie? N'est-ce pas justement une manière insensée de parler? Est-ce une chose si ésotérique que seuls quelques pieux catholiques ou des théologiens chevronnés puissent comprendre? Ou bien est-ce une vérité à la portée d'un très grand nombre? Les enfants ont compris que la dévotion au Cœur Immaculé de Marie était réellement une révélation. Vraiment, c'est là le secret de Fatima, non plus désormais caché, mais ouvert à tous pour examen. Jésus a dit: «Si vous m'aimez, observez mes commandements.» Il a placé l'amour comme critère et substance de l'ordre moral. Le message de Fatima proclame: si vous aimez, gardez votre cœur à l'unisson de celui de Marie.

Dans la vision de l'enfer du mois de juillet, les enfants, grâce à une lumière spéciale, ont aperçu l'égoïsme sordide sans déguisement, tout nu, se consumant de l'intérieur comme un feu. Ils ont entendu l'envie, la jalousie, l'avarice, la luxure et le cœur assorti de tous les vices criant leur douleur, gémissant leur plainte, hurlant leur rage dans le désordre et l'horreur de leur réelle nature intime. Ils ont vu l'état final et éternel de ceux qui appelés à aimer ont fait le choix final et inchangeable de ne pas aimer. Ils ont vu le désordre horrible du péché, dépouillé de ses atours trompeurs, tel qu'il est dans son essence.

L'illustration vivante que les trois enfants ont vue dépeignait supérieurement une réalité fondamentale.

Ils traversèrent une profonde expérience mystique. Il n'est pas nécessaire d'accepter tel quel ce que Lucie décrit, ni d'admettre que ce qu'elle, François et Jacinthe ont vu était vraiment la réalité visible de l'enfer. La Vierge les a mis à même de comprendre par une image, la notion vraie de l'enfer, son manque absolu de paix et d'amour, son vide total de ce que l'homme apprécie et qui le rend heureux, remplacé par tout ce qui peut le déchirer et le rendre affreusement misérable. De fait, Lucie affirme que ce qu'elle a décrit n'approche pas, même de loin, la réalité épouvantable de ce qu'ils ont vu.

Souvent Jacinthe s'asseyait par terre ou sur une pierre et méditait tout haut. «L'enfer! L'enfer! Comme j'ai de la peine pour les âmes qui vont en enfer. Là, les gens brûlent vivants comme du bois dans le feu!» Ensuite elle se mettait à genoux et élevant ses mains, elle disait la prière que la Dame leur avait appris à dire entre les dizaines du chapelet. «Ô mon Jésus, pardonnez-nous nos péchés, préservez-nous du feu de l'enfer, et conduisez au ciel toutes les âmes, spécialement celles qui ont le plus besoin de votre miséricorde.»

Souvent Jacinthe demandait quelle sorte de péchés commettaient les personnes qui méritaient l'enfer. Lucie énumérait les péchés qu'un enfant peut comprendre. «Possiblement, manquer la messe le dimanche, voler, dire de méchants mots, jurer, blasphémer.» «Et pour un seul mot, ils peuvent aller en enfer?» demandait Jacinthe. «Qu'est-ce que ça leur coûterait de se tenir tranquilles et d'aller à la messe? J'ai de la peine pour les pécheurs. Oh! si je pouvais seulement leur montrer l'enfer!»

Jacinthe demandait aussi, «Pourquoi Notre-Dame

ne montre-t-elle pas l'enfer aux pécheurs? S'ils le voyaient, ils ne pécheraient plus jamais et seraient dispensés d'y aller. Tu dois dire à cette Dame de montrer l'enfer à tous ces gens». Elle parlait des gens qui venaient à la Cova au temps des apparitions. «Vois à ce qu'ils se convertissent.»

Lorsque dans les derniers jours de sa maladie Jacinthe voulait se mortifier et jeûner, Lucie parfois lui disait: «Jacinthe, voyons donc! Il te faut manger maintenant.» Et Jacinthe répondait: «Non, j'offre ce sacrifice pour ceux qui mangent trop.» Elle faisait des réflexions semblables quand elle allait à la messe sur semaine: «J'y vais pour les pécheurs qui n'y vont pas même le dimanche.» Parfois quand elle entendait de gros jurons, elle se couvrait la figure de ses deux mains en disant: «Ô mon Dieu, est-ce que ces gens-là ne réalisent pas que cette sorte de langage peut les conduire en enfer? Pardonnez-leur, Jésus, et convertissez-les! Ils ne doivent pas se rendre compte qu'ils offensent le Seigneur.»

Quelquefois elle serrait Lucie dans ses bras en disant: «Je m'en vais au ciel, mais toi tu dois rester ici. Si Notre-Dame te le permet, dis à tous à quoi ressemble l'enfer, afin qu'en arrêtant de pécher ils puissent l'éviter.» Lucie essayait de la rassurer: «N'aie pas peur, tu t'en vas au ciel.» «Oui, moi, j'y vais. Mais je veux aussi que tout le monde y aille.»

Jacinthe réfléchissait beaucoup. Souvent Lucie la surprenait recueillie et pensive et elle lui demandait à quoi elle pensait. Souvent Jacinthe répondait: «À cette guerre qui s'en vient, au grand nombre de gens qui vont mourir et aller en enfer. Quel malheur! Si seulement ils arrêtaient d'offenser Dieu, la guerre n'éclaterait pas et ils n'iraient pas en enfer.» Des fois elle soupirait: «La guerre c'est l'enfer.» Jacinthe unissait ensemble la guerre et l'enfer car elle savait que tous deux sont le produit du désordre du péché et que tous deux pourraient être prévenus si le monde se tournait vers celle qui, étant établie dans l'ordre et l'amour, est toute l'opposée de la guerre et de l'enfer, le Cœur Immaculé de Marie.

C'est ainsi que Jacinthe méditait. Comme Marie à Nazareth, elle aimait repasser dans son cœur les merveilles de Dieu. Souvent elle s'asseyait dans l'église paroissiale devant «Jésus caché» et essayait de mettre ensemble les morceaux du casse-tête de la vie. Graduellement l'Esprit Saint fit jaillir la lumière. Elle devint consciente que l'enfer représentait la justice de Dieu, et qu'il avait choisi le Cœur de Marie pour être le symbole de sa miséricorde. Montrant ainsi qu'en raison des pôles d'opposition de l'ordre et du désordre qui existent dans la créature, il y a aussi en Dieu des pôles d'opposition qui manifestent sa justice et sa miséricorde. Le Cœur de Marie nous donne l'idée d'un Dieu dont l'amour veut atteindre chaque personne. L'enfer nous donne l'idée d'une justice qui exige une réparation qui dépasse notre compréhension parce que nous ne saisissons pas l'énormité de l'offense.

Dans les dernières semaines de sa vie, Jacinthe nous rapporte ces mots de Notre-Dame: «Je ne puis plus retenir le bras de mon divin Fils.» Elle ajoute aussi: «Notre-Dame ne peut pas à présent détourner la justice de Dieu de notre monde.» Ceci n'implique pas qu'il y a opposition entre Jésus et Marie, ni qu'elle est plus miséricordieuse que Jésus. Tout au long de l'histoire de Fatima, ces deux Cœurs agissent de concert comme ils le font dans toute théologie véritable. «Le Cœur de Jésus veut être honoré en même temps que le Cœur de Marie parce que Dieu lui a confié la Paix,» répétait Jacinthe. «Oh! si seulement je pouvais mettre dans le cœur de chacun le feu brûlant que je sens en moi, et qui me fait tant aimer les Cœurs de Jésus et de Marie!»

Les expressions d'apparente opposition font référence aux idées de certaines gens. Ils se figurent que le cœur de la femme est plus doux que le cœur de l'homme. Ces expressions suggèrent également que le plan de Dieu, dans son mystérieux travail d'équilibre entre la justice et la miséricorde, permet à la créature de participer à son amoureuse Providence. De fait, Dieu demande à chacun notre participation pour faire pencher la balance vers la miséricorde. Car tous, nous sommes impliqués dans son plan de rédemption du monde, tous appelés à nous unir au Cœur Immaculé de Marie afin d'obtenir miséricorde pour les âmes. Jacinthe avait acquis une très profonde conviction de cette vérité qui est le point essentiel du message de Fatima. Nous unir intimement au Cœur Immaculé de Marie, faire de plus en plus nombreux, plus purs et plus pressants nos appels à la miséricorde — voilà le grand Plan de Paix divin et marial, le moyen par excellence de sauver les hommes de la guerre et les âmes de l'enfer.

À Fatima, Dieu s'est servi de l'enfer et du Cœur Immaculé dans un drame étonnant pour nous révéler deux aspects importants de Lui-même. Sa justice est sévère comme les flammes de l'enfer. Sa miséricorde est aussi touchante que le Cœur de la plus parfaite et la plus tendre d'entre les femmes, de sorte qu'il nous amène à conclure qu'en lui, Justice et Miséricorde ne font qu'une. Hélas! dans certains esprits elles sont en conflit, surtout quand il faut en venir au spectacle tragique de l'enfer. Un drame est basé sur la résolution d'un conflit. Chez Jacinthe, la plus jeune des prophètes, le conflit se résout à la tombée du rideau à la fin du grand drame de Fatima. Si nous réussissons à la comprendre, nous aurons fait un grand pas en avant vers la compréhension du très vieux problème posé par la question: comment un Dieu bon et miséricordieux peut-il punir pour l'éternité? Elle accepta l'enfer complètement et littéralement tel qu'il lui fut montré dans la vision. Elle accepta Dieu complètement tel que présenté dans le Cœur Immaculé.

Sa réponse logique et fervente fut de se tourner vers le Sacré-Cœur: «Ô mon Jésus, pardonnez-nous nos péchés, préservez-nous du feu de l'enfer et conduisez au ciel toutes les âmes, spécialement celles qui ont le plus besoin de votre miséricorde.» Sa réponse fut: encore plus de prière et de sacrifice pour que les pécheurs se servent de leur liberté non pour se précipiter en enfer, mais, avec la grâce de Dieu, pour monter au ciel. Sa réponse à Notre-Dame fut de se prosterner le front contre terre et de dire: «Ô très Sainte Trinité, je crois en vous, je vous adore, j'espère en vous et je vous aime. Je vous demande pardon pour tous ceux qui ne croient pas, n'adorent pas, n'espèrent pas et ne vous aiment pas.»

Chapitre 5

KIDNAPPÉS

Le 13 août, les enfants sont mis en prison. Maria dos Anjos, sœur aînée de Lucie, raconte ce qui s'est passé à la Cova da Iria. «Le 13 août, grâce à une manœuvre mensongère, les trois enfants furent enlevés, conduits à Ourem, menacés de torture et de mort s'ils ne voulaient pas avouer qu'ils avaient monté une imposture. Ignorants tout de ceci et supposant que les enfants seraient conduits à la Cova après la visite au curé de la paroisse, nous nous étions rendus à l'endroit habituel au milieu d'une grande foule.» Ce rassemblement fut estimé au nombre de 5 à 15 mille personnes, selon le Journal régional *A Liberdade*. Maria continue:

«Il peut paraître étrange que cette fois-ci, quand les enfants ne parurent pas, moi-même et beaucoup d'autres personnes avons été les témoins et avons fait l'expérience de fortes émotions en face d'événements surnaturels, et que ce fut à ce moment-là que notre foi a réellement pris naissance. À midi, un nuage sembla se poser sur le petit arbre; il y eut aussi des bruits comme des explosions et un mouvement sous nos pieds comme un tremblement de terre. Il est sûr que nous ne pouvions pas nous en prendre aux enfants pour aucun de ces faits. Nous étions tous très impressionnés et apeurés... Il y avait une transparence colorée tout à l'entour et dans l'air comme des pétales de couleur qui flottaient, mais sans atteindre le sol. En quittant ces lieux, nous nous sentions à la fois comme punis pour notre manque de foi antérieure, mais maintenant pleinement et profondément croyants.»

Maria de Capelinha témoigne également des faits qui se sont passés à la Cova, ce 13 août 1917.

«La foule, ce jour-là, était plus grande que celle du mois de juillet. Oh! ils étaient beaucoup plus nombreux. Quelques-uns, venus à pied, accrochaient leurs paquets aux arbres. D'autres arrivaient à cheval, d'autres à dos d'âne. D'autres encore à bicyclette... Tout autour de l'arbre, les gens priaient, chantaient des cantiques mais quand les enfants ne parurent pas, l'impatience s'empara de la foule. Puis, quelqu'un accourut de Fatima, annonça que les enfants avaient été kidnappés par le maire. Tout le monde se mit à parler en même temps; la colère était grande et je ne sais ce qui serait arrivé si nous n'avions pas entendu un coup de tonnerre. Ce coup de tonnerre fut immédiatement suivi d'un éclair et nous vîmes un petit nuage, très léger, tout blanc, qui s'arrêta quelques instants au-dessus de l'arbre, puis s'éleva dans l'air, et disparut au loin. Comme nous regardions autour de nous, nous avons remarqué des choses étranges qui s'étaient déjà produites et que nous allions voir encore dans les mois suivants. Nos visages reflétaient toutes sortes de couleurs — le rose, le rouge et le bleu et que sais-je encore. Les arbres soudain semblaient couverts non de feuilles mais de fleurs. La terre reflétait ces multiples couleurs ainsi que les habits que nous portions.»

Maria de Capelinha et Maria, la sœur de Lucie, étaient convaincues que la Vierge était venue au moment convenu, vers l'heure de midi. De même d'ailleurs que la plupart de ces milliers de personnes qui avaient vu ces signes. Bientôt plusieurs d'entre eux, en échangeant sur les événements devinrent furieux, peut-être même dangereux. Leur colère était dirigée contre l'Administrateur d'Ourem et aussi contre le curé de la paroisse parce qu'ils le pensaient complice dans le kidnapping des enfants.

Durant ce temps, les enfants étaient rendus au siège du Comté d'Ourem, kidnappés par l'Administrateur du Comté Arturo de Oliveira Santos. En tant que catholique apostat, en lutte contre la foi, il jouait le grand jeu. Il était fier de sa réputation d'ennemi de l'Église et de toute autre superstition semblable. Il ne voulait pas être la risée du Portugal. Craint du peuple, détenteur de tout le pouvoir politique, il était le tyran de l'endroit. Il publiait son propre journal pour former l'opinion de ses commettants.

Le 11 août, Antonio Santos et Ti Marto avaient comparu devant lui, sommés de venir et d'amener avec eux leurs enfants qui voyaient la Dame. Antonio amena Lucie, mais Ti Marto, plus indépendant, refusa d'amener François et Jacinthe. L'Administrateur menaça Lucie de mort si elle ne disait pas le secret. Ti Marto déclara: «Je suis ici par vos ordres, mais je demeure de l'avis de mes enfants.» Antonio maintint son opinion première que tout cela n'était qu'une tempête dans un verre d'eau et des «histoires de vieilles femmes».

Le matin du 13, l'Administrateur vint à Aljustrel. Ti Marto raconte les événements:

«Le 13 au matin — c'était un lundi — j'ai reçu l'ordre de quitter le travail. Très bien, j'arrive. Il y avait beaucoup de monde autour de la maison, mais maintenant j'y étais habitué. J'entrai dans la cuisine et me lavai les mains. Ma femme était assise là. Elle était nerveuse et inquiète; sans un mot, elle me fit un signe m'indiquant le salon. 'Parfait, j'y vais. Pourquoi tous ces chichis?' J'entrai dans la pièce en m'essuyant les mains avec une serviette et qui vois-je? Nul autre que monsieur le maire, lui-même (i.e. l'Administrateur). Même là, je suppose que je n'ai pas été très poli envers lui, car m'apercevant qu'il y avait aussi un prêtre présent, j'allai d'abord serrer la main du prêtre, puis je dis au maire: 'Je ne m'attendais pas à vous voir ici, Monsieur.' Mais cet homme était tout un acteur, comme on va le voir. 'Après tout, dit-il, j'ai pensé que j'aimerais aller voir le miracle aujourd'hui. J'ai pensé que nous pourrions y aller tous ensemble dans ma voiture. Nous verrons et ensuite nous croirons, comme saint Thomas.'»

Quand les enfants arrivèrent ensemble tous les trois, il leur offrit de faire une promenade en voiture. Ils refusèrent poliment, mais l'Administrateur leur dit qu'il voulait arrêter en chemin pour rencontrer le curé Ferreira. Alors les enfants et leurs pères montèrent dans la voiture. L'Administrateur entra au presbytère, et aussitôt appela Lucie. Quand il sortit peu de temps après avec elle, avant que les deux hommes ne se soient rendus compte de ce qui se passait, le maire avait fait monter les enfants dans sa voiture et s'enfuyait avec eux, François en avant près de lui, Lucie et Jacinthe en arrière.

«Les chevaux partirent au galop» dit Ti Marto. «Pour un moment, il semblait bien qu'ils se dirigeaient vers la Cova da Iria, mais quand ils arrivèrent sur la grande route, un coup de fouet et un coup de guide, et voilà tout l'équipage en grande course vers Ourem, que pouvais-je faire?»

L'Administrateur enferma sous clé les trois enfants dans une chambre de sa maison et leur dit qu'ils n'en sortiraient pas avant d'avoir livré leur secret. Jacinthe eut cette pensée encourageante: «S'il nous tue, ça ne fait rien. Nous irons tout droit au ciel!» Mais bientôt la femme de l'Administrateur se présenta, elle leur donna un goûter et des livres d'images, puis elle les invita à jouer avec ses enfants.

La soirée du 13, fut pour eux, gênante et ennuyante loin de leurs familles. Le jour suivant, l'Administrateur et d'autres encore, s'appliquèrent soit à les cajoler, soit à les menacer toute la matinée et tout l'après-midi. Finalement, il leur dit qu'il les mettrait en prison et les jetterait dans une cuve d'huile bouillante. Jacinthe se mit à pleurer quand tous trois entrèrent dans la prison. «Pourquoi pleures-tu?» lui demanda Lucie. «Parce que nous allons mourir sans jamais revoir nos parents. Pas un n'est venu nous voir, ni les tiens, ni les miens. Ils n'ont plus aucun souci de nous. Je veux voir au moins ma mère.» François suggéra d'offrir tout cela pour les pécheurs. Jacinthe aussitôt ajouta de nouvelles intentions: «Et aussi pour le Saint Père et en réparation pour les offenses contre le Cœur Immaculé de Marie.»

Les prisonniers tout naturellement essayèrent de consoler les enfants. L'un d'eux suggéra de dire le secret: «Montrez-vous raisonnables, dites le secret au maire et vous pourrez retourner chez-vous. Qu'est-ce que ça peut faire à la Dame?» Jacinthe regarda l'homme avec stupeur et s'écria: «Nous aimerions mieux mourir que de dire le secret.» La prison en quelque sorte devint un milieu amical à cause de ces circonstances absolument insolites. Un des prisonniers avait un accordéon. Il se mit à jouer. Un des internés invita solennellement Jacinthe à danser avec lui. Lucie se mit à rire quand elle vit ce grand et fort bonhomme essayer de se pencher pour s'adapter à la taille de la petite fille. C'était vraiment drôle, car il était loin d'avoir l'élasticité de l'accordéon. Il finit par enlever Jacinthe dans ses bras et à tourner avec elle autour de la chambre. Mais bientôt Jacinthe saisit le contraste avec la très sérieuse situation qu'elle vivait et demanda au prisonnier de la déposer au sol. Elle prit alors une médaille de sa poche et la suspendit sur le mur. Puis elle et les deux autres enfants s'agenouillèrent et commencèrent à réciter le chapelet. Les prisonniers aussi s'agenouillèrent. L'un d'eux oublia d'enlever son chapeau, François lui demanda de vouloir bien l'ôter. Il s'exécuta, mais pour affirmer son indépendance d'adulte devant ses co-prisonniers, il jeta violemment son chapeau sur le plancher. François le ramassa gentiment et le plaça sur un banc.

Avant la fin du chapelet, un garde vint chercher les enfants et les ramena à l'hôtel de ville. L'Administrateur donna, en présence des enfants, des ordres détaillés pour que les gardes préparent une cuve d'huile bouillante. Ensuite il dit aux enfants: «Voici votre dernière chance de dire le secret. Avez-vous compris?» Tout en parlant, il dévisageait Jacinthe. Elle donnait des signes de frayeur. «Prenez celle-là la première et jetez-la dans la bouilloire.» Le garde amena Jacinthe. Elle était absolument persuadée qu'on allait la faire bouillir vivante. La porte se referma sur elle. François dit à Lucie: «S'il nous tue, qu'est-ce que ça nous fait?

Nous irons au ciel, n'est-ce pas Lucie? Que pouvons-nous désirer de mieux?» Il sortit son chapelet et se mit à prier pour que sa petite sœur n'ait pas peur. Puis ce fut le tour de François et ensuite de Lucie de témoigner de leur fidélité à la Dame.

Grâce à l'irresponsable habileté de l'Administrateur, chaque enfant eut la chance d'offrir sa vie sur l'autel de la fidélité à Notre-Dame, et à leur propre conscience. On les conduisait l'un après l'autre dans la même chambre voisine, où ils se revoyaient tout surpris, sains et saufs, dans la joie des retrouvailles. Mais quand, condamnés, on les entraînait hors de la première chambre, ils en sortaient avec le courage et la générosité de jeunes martyrs. Pour les adultes dans ce drame, c'était un jeu cruel. Pour les enfants, c'était une effrayante réalité.

Il n'y eut pas d'effusion de sang en ce qui concerne les enfants. Mais sur un autre terrain, on aurait pu compter des morts et des blessés. En effet, les tempéraments s'enflammèrent à Fatima le 13, quand on s'aperçut que les enfants avaient été enlevés. Mais les flammes devinrent encore plus crépitantes le 15, fête de l'Assomption quand quelques jeunes rencontrèrent le maire. La colère était devenue si grande le 13, et le curé avait été tellement soupçonné d'être le complice du maire, qu'il avait jugé nécessaire de nier publiquement toute complicité dans l'enlèvement des enfants. Le curé Ferreira envoya une lettre à l'éditeur du journal catholique O Mensageiro disant: «Je réfute une calomnie aussi injuste qu'insidieuse, et je déclare devant tous et chacun que je n'ai pas eu la moindre part, soit directement, soit indirectement dans un acte aussi odieux et sacrilège...» L'apaisement des esprits excités par la rumeur diabolique ne fut pas moins providentiel, car cette paroisse aujourd'hui pleurerait la perte de son pasteur...

Le pasteur comprit que sa vie avait été en danger. Il devait une bonne partie de «l'apaisement des esprits excités» à Ti Marto. Le 15 août, l'Administrateur eut la vie sauve, selon toute probabilité, grâce au père de François et de Jacinthe. Après la messe de la fête, les gens se groupèrent autour de Ti Marto et lui demandèrent s'il savait où étaient les enfants. Le bruit courait qu'ils étaient à Santarem. Juste à ce moment quelqu'un aperçut les enfants sur le perron du presbytère. Ti Marto ne peut dire comment il s'y est rendu.

«La première chose dont je me souviens», dit-il, «c'est que je tenais ma petite Jacinthe dans mes bras et que je l'embrassais bien fort. Je me souviens même que je l'ai ramassée et je l'ai tenue sur mon bras droit — voyez, comme cela, et je n'ai pas honte de le dire, mes larmes étaient telles que j'en ai trempé ma petite. Les deux autres, François et Lucie, coururent vers moi: 'Papa, mon oncle', dirent-ils, 'donnez-nous votre bénédiction.' Vous pouvez être sûr qu'ils l'ont reçue, et ce fut pour moi un moment merveilleux.»

L'émotion de revoir les enfants ramena une résurgence du ressentiment contre leur kidnappeur. Le curé Ferreira crut d'abord que le Senhor Marto favorisait le tumulte. Il l'interpella au moment où il s'approchait des marches où se trouvaient les enfants et Ti Marto: «Est-ce toi qui causes ce charivari?» «Moi? Je tiens encore Jacinthe dans mes bras», répondit Ti Marto. «J'ai crié aux gens en bas sur la place, 'la paix là, vous autres en bas! Vous vociférez contre le maire, et vous calomniez le curé Ferreira. Ce désordre, je vous le dis, vient d'un manque de foi en Dieu, et c'est pourquoi il le permet.'» Le curé Ferreira appuya ces paroles, en parlant aux gens par une fenêtre.

L'Administrateur arriva et se présenta aux gens. Ti Marto rassura la foule en lui disant que tout était en ordre, que les enfants étaient en sûreté. Plus tard, l'Administrateur l'invita à prendre un verrre avec lui, à la taverne. Ti Marto refusa d'abord, mais quand il vit des jeunes gens armés de gourdins, il décida qu'il valait mieux montrer un peu de sympathie envers l'Administrateur. Il décida en faveur du verre de vin. L'Administrateur élevant la voix pour être entendu de tous les assistants affirma: «Soyez-en certains, je les ai bien traités.»

Les trois enfants coururent à la Cova da Iria. Mais il n'y eut pas d'apparition ce jour-là.

Chapitre 6

SAINT JOSEPH ENTRE EN SCÈNE

Teresa, sœur de Lucie, vit sur la chemise blanche de son mari plusieurs couleurs différentes. L'air paraissait plus frais, le soleil avait pâli et était devenu jaunâtre. «Peut-être avons-nous été dans l'erreur depuis le commencement» dit-elle à son mari. «Tout semble bien n'avoir pas changé depuis six jours à la Cova.» Ils avançaient sur la route de Moita vers Fatima. La date? dimanche le 19 août; l'heure? environ 4 h de l'après-midi. Lucie, François et Jean, le frère de François et de Jacinthe, avaient remarqué les mêmes changements dans l'air et le soleil. Ils se trouvaient au Valinhos. C'était un espace ouvert ainsi nommé, à une courte distance d'Aljustrel. «Vite, va chercher Jacinthe» commanda Lucie à Jean. Elle venait juste de voir l'éclair qui annonçait la venue de Notre Dame. Elle donna quelques pièces de monnaie à Jean qui s'attardait dans l'espoir de voir l'apparition. Finalement, il partit à la course et trouva Jacinthe.

Peu après l'arrivée de Jacinthe, Notre Dame était là. Elle se tenait sur un chêne vert un peu plus grand que celui de la Cova da Iria. «Qu'attendez-vous de moi?» Comme toujours c'est Lucie qui parlait. «Revenez à la Cova da Iria le treizième jour du mois prochain mon enfant, et continuez de dire le chapelet tous les jours.» Lucie demanda un signe afin que le monde croie. «En octobre», promit la Dame, «je ferai un miracle afin que tous puissent croire aux apparitions. S'ils ne vous avaient pas menés en ville, le miracle aurait été plus grand. Saint Joseph viendra avec le saint Enfant Jésus pour apporter la paix dans le monde. Notre-Seigneur viendra bénir les gens. Notre-Dame du Rosaire et Notre-Dame des Douleurs sera là aussi à ce même moment..»

Lucie en profita pour demander ce qu'il fallait faire de l'argent que les gens déposaient à la Cova. «On devrait faire deux brancards, toi et Jacinthe vous en porterez un avec deux autres filles, toutes quatre vêtues en blanc; François devra porter l'autre, aidé de trois autres garçons également vêtus d'aubes blanches. L'argent, placé sur les brancards, sera utilisé pour la fête de Notre-Dame du Rosaire.» Ensuite, Lucie demanda la guérison de certains malades. «Oui, j'en guérirai quelques-uns durant l'année. Priez, priez beaucoup et faites des sacrifices pour les pécheurs, car beaucoup d'âmes vont en enfer parce qu'elles n'ont personne qui prie et qui fasse des sacrifices pour elles.» Ensuite, la Dame commença de s'élever dans les airs et disparut vers l'est comme d'habitude.

Lucie avoue que les allusions de la Dame aux âmes qui se perdent faute de personnes qui prient et fassent pénitence pour elles l'ont beaucoup impressionnée. Jacinthe également en devint comme hantée.

En conséquence de l'apparition du mois d'août, un petit incident se produisit où Jacinthe est impliquée. Elle et François avaient coupé la branche sur laquelle

Notre-Dame s'était posée. Ils arrêtèrent à la demeure de Lucie et Marie Rosa fut impressionnée, comme d'ailleurs les autres membres de la famille Santos, par le délicieux parfum indéfinissable émanant de la branche. Maria Rosa décida de la garder et la mit sur la table de la cuisine. Jacinthe et François évidemment l'avaient apportée pour leurs parents. Or, plus tard, ce soir-là, la branche avait disparu de la table des Santos; Maria, la plus âgée des sœurs de Lucie, affirme que personne ne sut jamais le sort de cette branche. Mais Ti Marto se souvient d'avoir vu Jacinthe bondissant hors de la porte, gaie comme un pinson, en emportant une branche avec elle. Il pouvait en sentir le parfum très fort. «C'est la branche sur laquelle se tenait la Dame» expliqua Jacinthe. Ayant approché la branche de son nez, il constata que le parfum était parti.

Saint Joseph eut sa part à jouer dans l'histoire de Fatima. Comme d'habitude, c'est un rôle caché. De même que cela prit beaucoup de temps pour qu'il soit ouvertement intégré dans la dévotion chrétienne, de même pas grand chose n'a été mentionné sur lui durant les 70 ans écoulés depuis les événements de Fatima. Cependant, il a un rôle bien spécial dans ces apparitions et le Plan de Paix qui en découle.

Notre-Dame, en effet, par deux fois annonça qu'il apparaîtrait avec elle et l'Enfant Jésus en octobre. Elle promit en août et en septembre, qu'ils viendront en octobre. De sorte que saint Joseph a sa place dans trois des six apparitions majeures. Cette attention spéciale n'est pas seulement un cas de courtoisie conjugale.

Cela indique que dans le Plan de Paix, saint Joseph a un rôle spécial. Puisque c'est le plan de Dieu, c'est Dieu lui-même qui veut que Joseph apporte son aide dans la réalisation de sa divine volonté. Dieu demande que nous donnions une attention spéciale à saint Joseph. Comment exactement le rôle de saint Joseph va-t-il se concrétiser? Cela reste à voir. Nous pouvons faire quelques déductions, ou au moins spéculer avec un certain degré de certitude sur la nature de son aide.

Il nous sera utile de porter d'abord notre attention sur les détails de l'apparition d'octobre. Ils pourront nous fournir les lumières nécessaires en vue de résoudre les problèmes particuliers à notre temps qui empêchent l'éclosion de la paix. Au mois d'août, dans l'annonce de la venue de Joseph, Notre-Dame avait dit qu'il viendrait avec l'Enfant Jésus «pour donner la paix au monde». En septembre, l'annonce est reprise dans les mêmes termes.

C'est entre les apparitions d'août et de septembre que Lucie trouva le bout de corde. Elle en parle dans le deuxième Mémoire.

«Quelques jours plus tard, j'ai trouvé une longueur de corde sur une charrette tandis que nous conduisions notre troupeau sur la route. Je l'ai ramassée pour m'amuser et me la suis attachée à l'un de mes bras. En peu de temps, je m'aperçus qu'elle me faisait mal. Alors je dis à mes cousins: 'Regardez, ceci me fait mal. Nous pourrions l'attacher autour de notre taille et offrir notre souffrance en sacrifice à Dieu.' Les pauvres enfants acceptèrent mon idée immédiatement. Tout de suite, François plaçant la corde sur une pierre, la frappa avec le tranchant d'une autre pierre, en fit ainsi trois bouts que nous avons partagés entre nous. Soit à cause de l'épaisseur ou de la rugosité de la corde ou parce que quelquefois nous l'attachions trop serré sur nous, cet instrument de pénitence nous faisait terriblement souffrir. Quelques fois nous pouvions voir des larmes sur les joues de Jacinthe à cause de l'énorme souffrance que lui causait cette corde. Plusieurs fois je lui dis de l'enlever, mais elle répondait: 'Non, je veux offrir ce sacrifice à Notre-Seigneur en réparation, pour la conversion des pécheurs.'»

La Dame aura des remarques à faire à propos de cette corde le 13 septembre.

Une foule de 30 000 personnes vint à la Cova da Iria ce jour-là. Quand les trois enfants avançaient sur la route vers la Cova, Lucie se rappelle que plusieurs parmi les pèlerins leur demandaient des guérisons pour des malades de leurs familles, même certains imploraient à genoux leur intercession auprès de Notre-Dame pour en obtenir quelque faveur. «Ils demandaient qu'elle ramène sains et saufs de la guerre, qui leurs enfants, qui leurs maris. Ils demandaient d'être guéris de la tuberculose. Ils demandaient tout un tas de choses. On eut dit que toutes les misères de l'humanité paradaient devant nous.» Il y en avait aussi qui se moquaient et faisaient de vilaines farces. Jacinthe, habituée au tendre accueil familial, trouva toujours très pénible l'épreuve des moqueries. À la Cova, nombreux étaient ceux qui attendaient en disant le chapelet.

À un endroit de l'amphithéâtre rugueux que constituait la Cova, à quelque distance de l'endroit où les enfants attendaient la Dame, se trouvaient deux prêtres. L'un d'eux était Mgr Jean Quaresma, vicaire général du diocèse. C'était un esprit ouvert. La plupart des prêtres avaient des opinions diverses ou demeuraient très sceptiques, sur les événements de Fatima qui avaient secoué le pays et attiré cette grande foule. Les prêtres furent pour les enfants une de leurs plus lourdes pénitences et des plus redoutées. «Ils nous questionnaient et nous questionnaient et comme si ce n'était pas assez, ils recommençaient encore et à partir du commencement», affirme Lucie dans le Mémoire II. Et ceci continuait et prenait de l'ampleur à mesure que l'intérêt augmentait durant les jours d'été. «Dès que nous voyions venir des prêtres, nous nous efforcions de leur échapper et quand nous étions pris et que nous devions leur répondre, nous l'offrions à Dieu comme un de nos plus grands sacrifices.»

Monseigneur Jean Quaresma garda une discrète attitude. Il nous dit ce qui arriva le 13 septembre:

«À midi ce fut un silence complet. On n'entendait que le murmure des priants. Soudain, ce furent des bruits de jubilation, des voix louaient hautement la Vierge. Des bras se levaient pour indiquer quelque chose dans le ciel: 'Regardez! Ne voyez-vous pas? Oui, oui, je vois…' Il n'y avait pas un nuage dans le bleu profond du ciel, et moi aussi, je levai les yeux et le scrutai au cas où je pourrais distinguer ce que d'autres plus fortunés que moi proclamaient apercevoir. À mon grand étonnement, je vis clairement et distinctement un globe lumineux qui se transportait de l'est à l'ouest, glissant lentement et majestueusement à travers l'espace. Mon ami regardait lui aussi et il eut la bonne fortune de jouir de cette vue inattendue et délicieuse. Soudain le globe avec sa lumière extraordinaire disparut. Près de nous se trouvait une petite fille habillée comme Lucie et plus ou moins du même âge. Elle continuait à crier avec joie: «Je le vois encore! Je le vois encore! Maintenant, il descend…'»

La petite fille donna de nouveau une description émue quand elle vit le globe retourner vers l'est d'où il était venu. Monseigneur demanda au prêtre, son compagnon: «Que pensez-vous de ce globe?» «C'était Notre-Dame» répondit-il sans hésitation. Il y avait dans l'air joie et jubilation. Quelques-uns ne virent rien. Une vieille dame pleura amèrement parce qu'elle n'avait rien vu. D'autres aperçurent des signes similaires à ceux qui s'étaient produits à l'occasion d'apparitions antérieures: le soleil pâlissait au point que les étoiles devenaient visibles, une chute de pétales lumineuses qui disparaissaient comme de la neige fondante avant de toucher le sol. Il se produisit un rafraîchissement de l'atmosphère.

«Que voulez-vous de moi?» Voilà la question que les gens près de Lucie lui entendirent demander à la Dame. Tous pouvaient entendre ce côté de la conversation. Seule elle-même et Jacinthe pouvaient entendre l'autre moitié. François n'entendait pas non plus la Dame, il la voyait seulement.

«Que les gens continuent de dire le chapelet tous les jours pour obtenir la fin de la guerre. Le dernier mois, en octobre, je ferai un miracle pour que tous croient en mes apparitions. S'ils ne vous avaient pas amenés en ville, le miracle aurait été plus grand. Saint Joseph viendra avec l'Enfant Jésus pour donner la paix au monde. Notre-Seigneur viendra aussi pour bénir les gens. En plus, Notre-Dame viendra comme Notre-Dame du Rosaire et comme Notre-Dame des Douleurs.»

De la promesse d'un miracle cosmique et de la présence de saint Joseph et de l'Enfant Jésus, ensuite de celle du Christ adulte, Notre-Dame passa à un petit secret personnel donné aux enfants: «Dieu est content de vos sacrifices, mais il ne désire pas que vous dor-

miez avec votre corde. Ne la portez que durant le jour.»
Marie avait confié un secret aux enfants. Ils en avaient
de personnels et le principal parmi ceux-ci c'était leurs
sacrifices. Ils s'efforçaient de les tenir cachés afin qu'on
ne leur en défende pas la pratique et aussi par une sorte
de pudeur valable dans ce domaine. Il est intéressant
de constater que la Sainte Vierge n'a pas conseillé
aux enfants d'abandonner complètement l'usage de
la corde.

Lucie demanda à Notre-Dame ce qu'il adviendrait
de la multitude des guérisons demandées. «Au cours
de l'année sa santé va s'améliorer» répondit Marie à
propos d'une fille sourde et muette. Quant aux autres:
«Quelques-uns guériront, mais non pas tous. Notre-
Seigneur n'a pas confiance en eux.» Lucie lui dit alors
que les gens voulaient bâtir une chapelle. «Employez
la moitié de l'argent reçu jusqu'à présent pour les brancards. Sur l'un d'eux placez la statue de Notre-Dame
du Rosaire. L'autre moitié, mettez-la à part pour aider
à la construction de la chapelle.»

Moïse commit une faute en frappant le rocher deux
fois pour avoir de l'eau. Lucie, malgré la faiblesse d'une
enfant, accablée par les accusations et les reproches,
ne pécha point. Après en avoir entendu la promesse
par deux fois de la part de la Dame, Lucie lui demanda
encore: «Plusieurs disent que je suis une trompeuse
qui devrait être pendue ou brûlée vive. Daignez faire
un miracle pour que tous croient.» L'assurance lui en
fut donnée aussitôt. «Oui, en octobre, je ferai un miracle afin que tous puissent croire.» «Des gens m'ont
donné ces deux lettres pour vous et une bouteille d'eau
de cologne.» Et Lucie les offrit. «Rien de cela n'est utile
au ciel.» Puis Notre-Dame se mit en route vers l'est.
Les gens, regardant dans cette direction au moment

où Lucie criait en pointant du doigt vers l'est, virent le globe lumineux qui s'en allait en s'élevant dans l'espace.

Dans le second Mémoire, Lucie fait ces commentaires à propos de la corde. «Il va sans dire que nous avons obéi promptement à ses ordres.» Cette agréable combinaison de la générosité avec l'obéissance trouve de fréquentes applications dans la vie de ces enfants. Ils reçurent une sage direction de plusieurs prêtres remplis de bonnes dispositions à leur endroit. L'un d'eux fut l'abbé Francisco da Cruz de Lisbonne, un autre fut l'abbé Faustino Ferreira, dont Lucie parle toujours comme étant le curé d'Olival, peut-être parce que son nom de famille est le même que celui du curé de Fatima. Ils leur suggérèrent des pratiques de piété, leur apprirent comment répondre à certaines questions sans mentir ou sans révéler le secret confié par la Vierge, et modérèrent certaines de leurs pénitences.

Comme le grand jour du miracle d'octobre approchait, les pressions sur les enfants et leurs parents augmentaient. Maria dos Anjos, la sœur aînée de Lucie nous en donne un aperçu:

«Plus le jour approchait, plus nous insistions pour qu'elle en finisse avec ses rêves. Nous allions tous avoir à souffrir à cause de ses imaginations. Père la disputait souvent, bien qu'il ne la frappât jamais. Mère n'était pas aussi facile. La rumeur courait qu'ils allaient placer une bombe à la Cova da Iria pour effrayer tous ceux qui s'y rendraient. Quelques personnes suggérèrent que mère enferme les enfants dans une chambre jusqu'à ce qu'ils nient toutes leurs histoires. Nous n'avons rien dit de cela devant Lucie, mais nous étions effrayés et nous nous demandions avec angoisse qu'est-ce qui allait nous arriver. D'autres nous disaient d'amener Lucie quelque part où personne ne pourrait la trouver. Nous ne savions vraiment pas quoi faire.»

«Si c'était vraiment Notre-Dame, elle aurait pu déjà faire le miracle, faire sourdre une fontaine, ou bien d'autre chose», gémissait la mère de Lucie. «Oh! mais comment tout cela va-t-il finir?»

Maria continue:

«Mais les enfants ne montraient aucune crainte. J'allai, un jour, les voir alors qu'ils causaient près du puits. 'Avez-vous enfin décidé de dire que vous n'avez rien vu? Ils nous ont prévenus qu'ils vont lancer des bombes contre nos maisons.'» Maria s'offrit pour porter au curé leurs rétractations. Jacinthe, les larmes aux yeux, répondit doucement: «Oui, faites ce que vous voudrez, mais nous, nous l'avons vue.»

Jacinthe et François étaient mieux traités chez eux. Leur père, Ti Marto, les soutenait. Il croyait qu'ils disaient la vérité et il avait une confiance suprême dans la Providence de Dieu. Un prêtre, d'une paroisse voisine, s'arrêta au début d'octobre pour jeter tout le poids de son autorité dans la balance afin d'amener les enfants à l'aveu qu'ils avaient menti. Quand il parla de sorcellerie, Ti Marto se fâcha très fort et Jacinthe s'esquiva rapidement, car elle ne pouvait supporter les explosions de colère. Ceci se produisit loin de la maison, là où le prêtre les avait rencontrés. Quand le groupe arriva chez Ti Marto, Jacinthe était assise dehors en train de peigner les cheveux d'une petite fille. Le compagnon du prêtre offrit à Jacinthe une pièce de monnaie. Ti Marto repoussa la main du donneur. Le prêtre dit que Lucie avait tout avoué. «Non, Lucie n'a rien avoué», répliqua Jacinthe.

Plusieurs journaux du Portugal envoyèrent leurs reporters pour couvrir les événements du 13 octobre. Leurs descriptions de la foule de 70 000 (quelques-uns affirmaient un chiffre plus élevé) convergeant sur la Cova da Iria sont pleines de couleur et de vie. O Dia de Lisbonne rapportait:

«Plusieurs jours avant le 13, des groupes de pèlerins se dirigeaient sur Fatima. Ils venaient à pieds, chaussés de longues bottes sur leurs jambes musclées, leurs sacs de provisions sur la tête, à travers les bosquets de pins où les canneberges ressemlaient à des gouttes de rosée sur la verdure, le long des sables où tournent dans l'air les ailes des moulins à vent. Une allure lente et oscillante faisait balancer de-ci de-là, le bord de leurs robes, et voltiger les mouchoirs orange placés sous leurs chapeaux noirs. Des gens de partout où s'était rendue l'annonce du miracle, avaient laissé leurs demeures et leurs champs pour venir à pied, à cheval ou en voiture. Ils voyageaient sur la grande route, ou dans les sentiers, entre les montagnes et les bois de pins. Durant deux jours ces lieux solitaires bouillonnaient de vie avec le roulement des voitures, le trot des chevaux et des mulets, et les voix des pèlerins... L'eau dégoulinait de leurs casquettes ou de leurs chapeaux à larges bords, sur leurs nouveaux habits, achetés exprès pour rencontrer le Seigneur. Les pieds nus des femmes et les souliers cloutés des hommes barbotaient dans les larges trous d'eau des routes boueuses. Ils ne semblaient pas s'apercevoir de la pluie... un murmure descendant des collines nous rejoignait. C'était un bruit comme la voix distante de la mer s'apaisant peu à peu devant le silence des champs. C'était des hymnes religieux, devenant de plus en plus distincts, entonnés par des milliers de voix. Sur le plateau, sur la colline ou remplissant la vallée, c'était une masse immense et diversifiée de milliers et de milliers d'âmes en prière.»

Même la mère de Lucie résolut de s'y rendre. «Si ma fille meurt, je veux être à ses côtés.» Lucie embrassa sa mère: «N'ayez pas peur» lui dit-elle «car rien ne nous arrivera. Notre-Dame fera ce qu'elle a promis.» Ti Marto rassura sa femme, Olympia, alors que les gens s'enfournaient dans sa maison, les pieds tout boueux, ils montaient même sur les lits. «Ne te laisse pas troubler. Quand la maison est pleine, personne d'autre ne peut y entrer.» Les dernières mises en garde vinrent de prêtres et d'amis. «Écoutez, s'ils nous maltraitent, nous irons au ciel», dit Jacinthe. Quant à eux, ayez-en pitié, ils iront en enfer.»

Près du chêne vert, un homme fort, un chauffeur prit Jacinthe dans ses bras, la porta, et la déposa près du piédestal, autrefois feuillu, de Marie. La poussée de partout était si grande que la petite Jacinthe se mit à pleurer. Lucie et François la placèrent entre eux deux. Un prêtre hostile à toute cette affaire d'apparitions, sortit sa montre et dit aux gens: «Partez tous d'ici. Tout ceci est une illusion.» Il essaya de pousser les enfants pour qu'ils s'en aillent. Lucie, au bord des larmes, s'écria: «Quiconque veut partir, peut le faire. Moi, je ne pars pas. Je suis sur ma propriété.» Juste à ce moment l'éclair parut et Lucie dit: «Jacinthe à genoux. La Dame s'en vient. J'ai vu l'éclair.» Les pieds de la Dame touchaient la décoration florale placée au sommet du tronc dépouillé du chêne vert. «Que voulez-vous de moi?» demanda Lucie. Dans cette visite finale, elle était encore le seul porte-parole. Un jour, Maria de Capelinha demanda pourquoi Notre-Dame ne parlait qu'à Lucie. «C'est parce que Jacinthe a la bouche cousue, si seulement elle parlait à la Dame, je sais que la Dame lui parlerait.» Telle fut la réponse de Lucie. Jacinthe qui se tenait tout proche les regarda simplement et sourit. Son petit monde intérieur avait ses raisons. De sorte qu'encore cette fois, elle ne fit qu'écouter la Dame exprimer son court message d'octobre.

«Je veux te dire qu'ils bâtissent ici une chapelle en mon honneur. Je suis la Dame du Rosaire. Qu'ils continuent de dire le chapelet tous les jours. La guerre va finir bientôt et les soldats reviendront dans leurs familles.» Lucie lui demanda les guérisons et les conversions que les gens lui avaient recommandées. Notre-Dame répondit: «Pour quelques-uns, oui; pour d'autres, non. Il est nécessaire qu'ils amendent leur vie et demandent pardon à Dieu pour leurs péchés.» Ensuite, comme Lucie le dit dans le quatrième Mémoire, «son visage devint grave tandis qu'elle ajouta: 'Qu'ils cessent d'offenser Notre-Seigneur qui est déjà tellement offensé.' Et ouvrant ses mains, elle fit monter vers les nuages la lumière qui en jaillissait, jusqu'à l'endroit où devait être le soleil. Et tandis qu'elle-même s'élevait, sa propre splendeur continuait de rayonner vers le soleil.»

Voilà ce que virent les enfants. C'est à ce moment que se produisit le miracle du soleil, vu par tous les gens qui se trouvaient à la Cova et même par d'autres dans un rayon de 30 milles alentour. Le poète Alfonso Lopes Vieira, travaillant à midi, sur la véranda de sa maison à San Pedro de Muel, vit le phénomène et tout surpris, il appela sa femme et sa mère afin qu'elles voient le prodige. Or, ils se trouvaient à 30 milles de la Cova. À Alburitel, à dix milles de Fatima, la maîtresse d'école, Senhora Delfina Pereira Lopes courut avec ses enfants dans la rue. Là, les gens priaient, criaient et pleuraient pensant que c'était la fin du monde. Le baron d'Alvaiazere, un avocat d'Ourem, était venu à la Cova pour faire diversion. Il était blindé contre toute force de suggestion collective. Il écrivit plus tard: «Je savais que je devais être sur mes gardes pour ne pas me laisser influencer. Tout ce que je sais, c'est que je m'entendis crier: 'Je crois, je crois, je crois', et que mes larmes coulaient de mes yeux, j'étais émerveillé, comme en extase devant cette manifestation de la puissance divine.»

Tous ceux qui virent ne se convertirent pas. Avelino de Almeida avait écrit dans *O Seculo*, un article objectif, rapportant ce que d'autres décrivaient des événements qu'ils avaient vus. Un ami lui écrivit et posa cette question directe à Almeida: «Mais vous, qu'avez-vous vu?» Almeida répondit à son ami, Antonio de Bastos de Santarem, comme lui autrefois catholique, mais maintenant rationaliste. Sa réponse parut dans Illustracao portuguesa. L'article était intitulé: «Lettre à quelqu'un qui demande un témoignage objectif.» Almeida lui disait:

«Tu fus un croyant dans ta jeunesse et plus tard tu cessas de croire… Ton rationalisme a reçu un coup formidable (à Fatima, le 13 octobre)… Et maintenant, tandis que je ne pouvais imaginer de ne voir rien de plus impressionnant que cette foule bruissante et pacifique, qu'ai-je vu alors de réellement unique dans la plaine de Fatima? La pluie arrêta de tomber à l'heure annoncée, d'épais nuages se déchirèrent et le soleil se mit à danser, une danse violente et convulsive… de très belles et rayonnantes couleurs passaient devant la face du soleil. Miracle comme le peuple le proclamait, phénomène naturel comme l'affirment les savants! Je ne

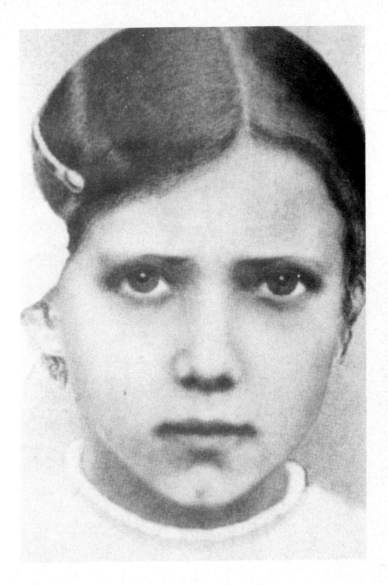

Jacinthe Marto (1910-1920).

De gauche à droite: Jacinthe, François et Lucie.
Photo prise le 13 juillet 1917, date de la troisième apparition.

De gauche à droite: Jacinthe, Lucie et François.
Photo prise dans le jardin de la maison de François et Lucie.

De gauche à droite: Jacinthe, Lucie et François.
Photo prise sur le site des apparitions à la «Cova da Iria».

ALJUSTREL
Os Pais dos Videntes

Manuel (Ti) et Olympia Marto, parents de Jacinthe et François.

En haut : La chambre où mourut François.
En bas : La maison de Lucie.

La maison de Jacinthe et François. Photo prise dans les années '50. Leur mère, Olympia, est debout sur le seuil de la maison.

L'église paroissiale de Fatima où les trois voyants furent baptisés.

suis pas intéressé de le savoir, mais seulement de vous dire ce que j'ai vu... Le reste regarde la science et l'Église. »

Tandis que ces milliers de gens — la plupart réceptifs, d'autres moqueurs, d'autres paisiblement rationalistes comme Almeida, d'autres violemment agressifs, — regardaient le début du miracle du soleil, les trois enfants aussi avaient les yeux levés vers le phénomène. Voici ce que Lucie écrit dans son Mémoire: «Vous avez là, Excellence, la raison pour laquelle je leur ai crié de regarder le soleil. Mon but n'était pas de diriger l'attention des gens vers le soleil, car à ce moment-là, ils ne m'intéressaient pas. Je n'étais même pas consciente de leur présence. Je l'ai fait, mue par une force intérieure, qui me poussait à agir ainsi. »

«Quand Notre-Dame disparut dans l'immense distance de l'espace, près du soleil, nous avons vu saint Joseph tenant l'Enfant Jésus, et Notre-Dame habillée en blanc avec un manteau bleu. Saint Joseph et l'Enfant semblaient bénir le monde en faisant le signe de la croix. Une fois cette vision disparue, je vis Notre-Seigneur et Notre-Dame qui ressemblait cette fois à Notre-Dame des Douleurs. Notre-Seigneur bénissait le monde comme l'avait fait saint Joseph. Cette vision s'évanouit également et il me semble que je vis de nouveau Notre-Dame qui ressemblait en ce moment, à Notre-Dame du Mont Carmel. »

Notons que Lucie passe du pluriel «nous avons vu» au singulier «je vis» pour les deux visions finales proches du soleil. Le père Luis Gonzaga da Fonseca, s.j., affirme: «Tout comme Lucie, ses cousins virent la Sainte Famille pour quelques minutes, mais pas les autres visions. » Vu que Lucie elle-même fut questionnée et qu'elle suggéra des corrections à son livre, il semble bien que François et Jacinthe virent la Sainte Famille, mais pas Notre-Dame des Douleurs avec le Seigneur, ni Notre-Dame du Mont Carmel. La façon dont Jacinthe répondit aux questions de l'abbé Formigao le 13 et le 19 octobre, montre la validité de cette conclusion. «L'Enfant était-il debout ou bien porté dans les bras?» Jacinthe répondit: «Il était debout.» La réponse de Lucie avait été: «Il était porté dans les bras.» En réponse à la question: «As-tu vu saint Joseph?» Jacinthe répondit: «Oui, Lucie a dit que saint Joseph avait béni le monde.» Il semble donc que seule Lucie a vu saint Joseph portant l'Enfant et bénissant en même temps que lui le monde. Les deux personnages étaient vêtus de rouge selon Lucie et Jacinthe. Elles sont plus certaines de la couleur des vêtements de saint Joseph que de ceux de l'Enfant Jésus. De même les trois enfants ont vu les signes dans le soleil. Jacinthe, à la question de l'abbé Formigao là-dessus, répondit: «J'ai tourné mon regard sur le côté.» Cette réponse indique que le prodige solaire vu par des milliers de spectateurs et les visions à côté du soleil vus par les enfants furent en partie du moins simultanés. La position de la Sainte Famille se présente ainsi: Joseph, Jésus et Marie, de gauche à droite. Aucune parole ne fut prononcée par aucun de ces membres dans l'apparition de la Sainte Famille.

Antonio, le père de Lucie, lâcha la main de celle-ci à cause de l'excitation et de la pression de la foule. Le docteur Carlos Mendes la porta pour un temps sur ses épaules, et elle exhorta la foule à faire pénitence. Peu après elle disparut, allant d'un groupe à l'autre. Durant la veillée, elle s'aperçut qu'on avait coupé de petites mèches de ses longs cheveux. Par suite des événements de cette journée et des jours suivants remplis de questions et d'énervement, les enfants se sentirent totalement épuisés.

Après les deux annonces d'août et de septembre, saint Joseph entre en scène au plus significatif des moments de Fatima. Il vint comme le miracle du soleil commençait. Il se présenta juste après que la Sainte Vierge eut complété les six visites à la Cova, telles que promises. Il portait dans ses bras Jésus sous l'apparence d'un enfant de un à deux ans. Avec lui se trouvait Notre-Dame du Rosaire, maintenant vêtue de blanc avec un manteau bleu. Toutes ces circonstances mettent en lumière le rôle de grande importance de saint Joseph dans le Plan de Paix duSeigneur. Comme dans l'évangile, il ne prononça pas un seul mot. Peut-être cela indique-t-il un rôle serein, d'arrière-scène, caché. Vu que c'est la volonté de Dieu que la paix vienne par le Cœur Immaculé de Marie, la part de saint Joseph doit avoir un lien avec une plus grande intelligence et une plus grande vénération du Cœur de Marie. Vu que Joseph vint avec l'Enfant «pour apporter la paix au monde», nous trouverons les indices de ce que Dieu attend de nous dans le comportement de la Sainte Famille, au temps où Jésus était enfant. Vu que Marie apparut avec Jésus et Joseph, habillée comme Notre-Dame du Rosaire et vu que son message constant est la récitation du chapelet et qu'elle-même s'est donné ce titre, nous savons que la part de saint Joseph dans l'apport de la paix sera aussi en référence au chapelet.

De la manière dont travaille la divine Providence, l'accomplissement de ceci demande l'aide de saint Joseph non seulement comme intercesseur mais comme modèle des époux et des pères. L'amour de saint Joseph pour le Cœur Immaculé, son amour pour lui, leur amour mutuel pour l'Enfant, tout converge pour jeter de la lumière sur les dynamiques qui apportent la paix. (Pour plus de détails sur ceci, voir l'appendice C)

Chapitre 7

COMMENT ON DEVIENT UN GÉANT

Après le 13 apocalyptique d'octobre 1917, la vie de Jacinthe se divise en deux périodes. On peut dire la même chose de François. La première période dura un an. Ce fut la période de réajustement à la vie normale, mais bousculée par l'inévitable contre-coup sur eux des événements de l'apparition tels que vécus et ressentis par leur entourage.

Après ce 13 extraordinaire, beaucoup de gens furent amenés à croire et tinrent les petits bergers en grande vénération, presque comme des saints non canonisés. Ils les assiégeaient et se recommandaient à leurs prières. Plusieurs autres demeurés sceptiques les harassaient et les ridiculisaient. Une femme se permit même de battre Lucie. Les journaux semèrent le doute chez leurs lecteurs en rappelant les aventures de faux visionnaires qui avaient été condamnés. Des contestations s'élevèrent à propos de l'argent laissé par les pèlerins pour la construction de la chapelle, dont les travaux semblaient lents à partir. Maria de Capelinha était responsable de cet argent avec l'approbation du curé, et le curé en répondait devant l'archevêque de Lisbonne.

La chapelle fut retardée parce que le curé, l'abbé Ferreira ne voyait pas l'urgence d'en encourager la construction. Il était en train de réparer l'église paroissiale et ne voyait pas la nécessité de bâtir une chapelle à la campagne. Sa manière personnelle de traiter les petits bergers était un étrange mélange à la fois de bonté et de défiance. Probablement qu'il ne savait pas au juste quoi faire. Il faut se rappeler que sa propre vie avait été mise en danger, il ressentait l'âcre et vive haine des adversaires et il lisait les dures critiques des journaux. La réponse à son état d'esprit se trouve essentiellement dans son propre conflit intérieur. Il était bousculé dans les deux sens, par ses amis dans le clergé. Si ses convictions devant ces événements avaient été plus fermes, son embarras aurait été moindre, et tout aurait été plus facile pour les enfants. Éventuellement il donna sa démission et ceci déclencha la colère des paroissiens contre les enfants, spécialement contre Lucie. Celle-ci fut tellement affectée, qu'un jour elle se déchargea sur Jacinthe en lui disant que si elle avait moins parlé au début, personne n'en aurait rien su. Jacinthe, comme elle l'avait déjà fait, lui demanda humblement pardon. Lucie également subit l'effroyable expérience d'être coïncée par des cavaliers de l'armée, envoyés tout exprès pour empêcher les rassemblements à la Cova. Les deux cavaliers la firent marcher entre leurs chevaux sur la route. Soudain, ils s'arrêtèrent et parlèrent de lui trancher la tête, de l'enterrer et d'en finir ainsi avec toute cette affaire. Lucie croyait que sa dernière heure avait sonné.

Les deux familles durent éventuellement vendre leurs troupeaux à cause des troubles causés par les apparitions. En plus du terrain piétiné par les visiteurs, il y avait aussi le temps consacré interminablement à répondre aux questions de toutes sortes posées par les pèlerins. Les enfants en vinrent à se cacher dans un arbre, sous le lit, au bout d'un sentier. Un jour, ils virent quelques messieurs et dames qui sortaient d'une automobile. Ils ne pouvaient passer inaperçus. Quand on leur demande où demeuraient les voyants, ils donnèrent avec précision la direction pour se rendre chez leurs parents, et ils coururent se cacher derrière des buissons. Et Jacinthe de dire: «Nous ferons toujours ainsi avec les gens qui ne nous connaissent pas.»

Ceux qu'ils fuyaient avec le plus d'empressement c'étaient les prêtres. Et l'abbé Ferreira leur en voulait spécialement à cause de cela. Il voulait plaire aux prêtres qui s'arrêtaient au presbytère; peut-être que cherchant lui-même, sans y parvenir, à comprendre toute cette affaire, il espérait obtenir quelque lumière inattendue des questions que poseraient ses confrères. Personne parmi le flot du clergé, ou les membres du barreau ou de la médecine ne purent les faire broncher ou se contredire. Pas davantage ne purent-ils trouver quoi que ce soit qui fut contraire à la théologie ou à l'enseignement de l'Église. Durant ce temps, les enfants, plus sages que ceux qui les interrogeaient, offraient à Jésus et à Marie les durs sacrifices que cela leur imposait. Ils auraient préféré de beaucoup garder leur troupeau, ou bien prier ou aller jouer.

Durant quelque temps les enfants allèrent à l'école. Vers cette date, une école pour filles fut ouverte à Fatima. Lucie n'avait pas appris à lire, mais grâce à un enseignement oral, elle avait acquis la connaissance du catéchisme. Elle fut admise à la communion avant l'âge de 10 ans. Elle avait maintenant une nouvelle raison de s'instruire puisque la Sainte Vierge elle-même lui avait dit d'apprendre à lire et à écrire. Après la vente du troupeau, il n'existait pas de bonnes excuses pour manquer l'école. François faisait plutôt l'école buissonnière. Le maître ne trouva jamais en lui un élève sérieux quand il se présentait en classe. L'enfant préférait de beaucoup aller à l'église Saint-Antoine pour s'asseoir tranquillement et méditer en disant son chapelet. Il avait une raison unique et valable de ne pas aller à l'école. Il savait avec certitude qu'il allait mourir bientôt. À la question: «Mais pourquoi tu n'étudies pas?» Il répondait tout bonnement: «À quoi cela me servirait? Je serai bientôt au ciel.»

Les enfants avaient plusieurs raisons d'éviter ces rencontres multiples et ces interminables questions. C'était un gaspillage de temps et une grande fatigue. Et puis, ils ne voulaient pas faire connaître à tous les pénitences qu'ils s'imposaient. Car l'offrande de sacrifices était un des conseils que la Dame répétait sans cesse et la question suivante serait tout naturellement: «Faites-vous beaucoup de sacrifices? Lesquels?» Quelques-uns de ces inlassables questionneurs étaient rusés ou malicieux. Ils essayaient de les trouver en faute. De plus, les enfants craignaient qu'en répondant, il leur arrive de dire un mensonge ou de révéler les secrets de la Dame.

C'est surtout dans les perplexités que leur causait ce dilemme que plusieurs prêtres les ont aidés considérablement. L'abbé Cruz de Lisbonne et le curé d'Olival, l'abbé Faustino Ferreira leur ont apporté une direction spirituelle efficace. Jacinthe adopta comme sa prière favorite une invocation suggérée par l'abbé Cruz: «Doux Cœur de Marie soyez mon salut.» Elle composa une petite ritournelle qu'elle chantait à l'occasion en cueillant des fleurs: «Doux Cœur de Marie soyez mon salut. Cœur Immaculé de Marie convertissez les pécheurs, sauvez les âmes de l'enfer. » Lucie considéra toujours l'abbé Faustino comme son premier directeur spirituel. Ce fut l'abbé Formigao qui le premier apprit à Lucie à remercier Dieu pour toutes les grâces spéciales que Dieu lui prodiguait: «Mon Dieu je vous aime, merci pour les grâces que vous m'accordez. » Ceci devint une pratique favorite de Jacinthe. Lucie raconte, dans son IIe Mémoire: «Au milieu des jeux les plus distrayants, elle demandait: «As-tu oublié de remercier Notre-Seigneur pour les grâces qu'il nous a données? » L'abbé Fromigao a aussi parlé à Lucie de sainte Agnès et il l'a encouragée à imiter cette jeune vierge et martyre. Comme les trois enfants parlaient entre eux de leurs profondes expériences, ils s'aidaient graduellement l'un l'autre à persévérer et à solidifier leur vie spirituelle. Ils partageaient entre eux les conseils que leur donnaient ces différents prêtres.

Le fait d'éviter quand ils le pouvaient, d'être questionnés, ne signifie pas qu'ils refusaient leur coopération. Dans une entrevue prévue d'avance ou quand ils étaient coincés, comme cela leur arrivait fréquemment, ils étaient très polis et répondaient en toute vérité au point d'en devenir scrupuleux. Lucie dit que Jacinthe était très gênée et avait peur d'en dire plus qu'il ne fallait: «Comme Jacinthe était gênée lorsqu'elle était questionnée et avait l'habitude de baisser la tête et de regarder à terre et de ne dire que quelques mots, les gens avaient recours à moi la plupart du temps pour satisfaire leur curiosité. » Jacinthe ne s'ouvrait qu'aux personnes qui lui inspiraient une grande confiance. Si la pression qu'on faisait sur elle devenait trop forte, Jacinthe devenait confuse et référait la personne à Lucie.

Un jour, le curé demanda à Lucie une question

embarrassante: «Pourquoi toutes ces personnes se prosternent-elles sur ce terrain vague et laissent-elles le Dieu vivant de nos autels, seul et abandonné dans le tabernacle?» Elle n'avait aucune réponse à donner et exprima le regret de ne pouvoir rien y faire. «Si j'avais été le maître du cœur de ces gens-là dit-elle, je les aurais certainement dirigés à l'Église.»

La seconde phase de la vie de Jacinthe après les visions, commença à l'automne de 1918. L'influenza épidémique mondiale frappa les familles Santos et Marto. Ti Marto et Lucie furent les seuls épargnés. Pour François et Jacinthe ce fut le commencement d'une série de complications qui les conduisirent à leur mort. C'en fut fini de l'école. Ils l'avaient à peine commencée qu'ils durent graduer à la dure école de la croix. Elle allait les tester jusqu'à leur dernier soupir. Pour la générosité et le courage, ils allaient tous les deux mériter A plus.

François fit sa confession peu de temps avant sa mort. Il envoya Lucie s'enquérir auprès de Jacinthe si elle connaissait des fautes dont il devrait se confesser. Sa mémoire de petite sœur lui rappela, après quelques minutes de réflexion: «Avant que la Vierge nous apparaisse, il a volé un tostao (une petite pièce de monnaie) à son père pour acheter un harmonica et quand les gars d'Aljustrel lancèrent des pierres à Boleiros, il en a lancé lui aussi.» François dit qu'il avait déjà confessé cela, mais qu'il le confesserait encore. Quand Lucie plus tôt lui avait demandé de prier «pour les pécheurs, pour le Saint Père, pour moi et pour Jacinthe», il dit: «Oui, je le ferai, mais demande plutôt ces choses-là à Jacinthe. Je crains de les oublier quand je verrai Notre-Seigneur. Parce que c'est Lui que je veux consoler avant tout.» Quand Lucie écrivait ceci en 1941, elle réfléchit: «Et maintenant, je me demande s'il l'a fait, probablement que non. Patience!» Lucie était près de lui le soir avant qu'il meure et demanda de nouveau: «Ne m'oublie pas au ciel!» Cette fois, il promit: «Je ne t'oublierai pas, non. Ne t'inquiète pas.» Comme Lucie et François pleuraient et se serraient la main, Olympia dit à Lucie de passer dans une autre chambre. Elle sortit en disant: «Au revoir François! Au revoir au ciel!»

François fit sa première et unique communion (à part celle au calice du précieux sang de la main de l'ange) le jour avant sa mort. Le curé lui apporta le saint Viatique. L'enfant essaya de s'asseoir dans son lit, il n'en eut pas la force. Comme il l'avait fait si souvent au cours des deux dernières années, il offrit de nouveau toutes ses souffrances et ses sacrifices pour consoler les Cœurs de Jésus et de Marie. Ce soir-là, il s'écria tout à coup: «Regardez! quelle belle lumière là, près de la porte... Maintenant, elle est partie. Je ne puis plus la voir.» Jacinthe avait dit justement quelques jours auparavant que Notre-Dame lui avait annoncé qu'elle viendrait chercher François dans très peu de temps. Peut-être ce soir-là avait-elle entr'ouvert la porte pour le voir et lui offrir un sourire de bienvenue. Le lendemain, elle allait l'ouvrir toute grande cette porte. François mourut paisiblement vers dix heures du matin, le 4 avril 1919. Sa tombe fut transportée le jour suivant, un samedi, au cimetière de la paroisse. Jacinthe était trop malade pour s'y rendre. Pour le reste de sa courte vie, elle eut un nouveau sacrifice à offrir aux Cœurs de Jésus et de Marie. Elle souffrit beaucoup de l'absence de François. Une des dernières recommandations qu'elle lui fit avec insistance fut celle-ci: «Offre mes souhaits, mes plus sincères souhaits à Notre-Seigneur et à Notre-Dame. Dis-leur que je suis prête à endurer tout ce qu'ils voudront pour la conversion des pécheurs et en réparation pour les péchés commis contre le Cœur Immaculé de Marie.» *Je souffrirai tout ce qu'ils voudront* est une offrande d'un courage rare. Il restait à Jacinthe dix mois et demi pour écrire avec ses larmes et son sang, la réponse que Jésus et Marie attendaient de son héroïque générosité.

Jacinthe ne garda pas le lit durant tout ce temps, ni fut-elle confinée à sa chambre. Quand elle le pouvait, elle se rendait à la Cova ou à l'église, ou au Cabeço ou chez Lucie. Elle fut transférée à la chambre de François. Quelquefois des enfants entraient chez elle, avec eux elle s'assoyait à terre et participait à leurs jeux. Mais graduellement, sa santé s'affaiblit. Parfois elle s'assoyait dans son lit durant des heures, et la tristesse de son visage, provoquait des questions sur les pensées qui la minaient. À Lucie elle confia qu'elle manquait beaucoup son frère François. Souvent aussi elle répondait aux questions de Lucie par ces réflexions: «Je pense à cette guerre qui s'en vient (1939-45), à tant de personnes qui vont mourir et vont aller en enfer. Quel malheur! S'ils voulaient arrêter d'offenser Dieu, il n'y aurait pas de guerre et eux n'iraient pas en enfer!» Jacinthe annonçait avec certitude la venue de cette guerre. Une fois elle dit à Lucie: «Quand la guerre commencera, n'aie pas peur. Dans le ciel, je prierai beaucoup pour toi.»

Elle mentionna l'étrange lumière qui allait être le signe qui annoncerait la seconde guerre mondiale. «...Quand, une nuit, tu verras la grande lumière dont Notre-Dame nous a parlé, tu te sauveras et tu viendras au ciel toi aussi.» «Ne vois-tu pas que personne ne peut s'enfuir et aller comme ça au ciel?» Jacinthe lui répondit: «C'est vrai, tu ne pourras pas. Mais sois sans crainte. Au ciel je prierai beaucoup pour toi, pour le Saint Père, et pour le Portugal afin que la guerre ne l'atteigne pas, et pour tous les prêtres.» (Mémoire III)

Jacinthe, modeste, n'a jamais dit même à sa plus intime confidente, Lucie: «Aujourd'hui, Notre-Dame m'a dit...» Marie certes était constamment très proche de Jacinthe mais quand Jacinthe mentionnait quoi que ce soit de leur intimité, elle le présentait comme le morceau d'une conversation. Elle ne l'introduisait pas. Elle apprit longtemps à l'avance qu'elle irait à deux hôpitaux, mais ne guérirait pas. Lucie fournit cette information dans un post-scriptum de son second Mémoire. «J'ai oublié de dire qu'au moment où Jacinthe entra aux hôpitaux de Vila Nova de Ourem et de Lisbonne, elle savait qu'elle y allait pour souffrir, non pour guérir. Bien avant que quiconque n'ait parlé de l'envoyer à l'hôpital de Vila Nova de Ourem, elle dit un jour: 'Notre-Dame veut que j'aille dans deux hôpitaux. Mais ce n'est pas pour être guérie, mais pour souffrir davantage pour l'amour de Notre-Seigneur et pour les pécheurs.'»

Ti Marto conduisit sa fille, à dos d'âne, à l'hôpital saint-Augustin à Ourem. Sa mère et Lucie vinrent la visiter plusieurs fois. Elle demeura à l'hôpital durant deux mois à l'été de 1919. Le traitement fut très pénible et absolument inefficace. Elle retourna à la maison dans un état pire qu'à son départ. Elle y rapportait une large plaie au côté gauche qui coulait constamment et dont le pansement devait être renouvelé chaque jour. L'abbé Formigao la visita après qu'elle fut revenue d'Ourem et son état le stupéfia. Il écrivit: «Jacinthe ressemble à un cadavre, ses bras sont maigres à faire peur. Depuis son retour de l'hôpital local où elle a subi durant deux mois des traitements inefficaces, la fièvre ne l'a pas quittée. Son aspect est pathétique. La tuberculose, après une attaque de pneumonie bronchitique et de pleurésie purulente, est en train de miner sa constitution affaiblie. Seuls des soins intensifs dans un bon sanatorium peuvent la sauver. Mais ses parents ne peuvent couvrir les dépenses qu'un tel traitement exigerait.»

Jacinthe essayait encore de dire la prière de l'ange, elle sortait du lit et se penchant vers le plancher, elle basculait en essayant de se prosterner la face contre terre. Elle en avisa Lucie qui en parla à l'abbé Faustino Jacinto Ferreira, curé d'Olival. Il recommanda que Jacinthe dise ses prières en restant dans son lit. Jacinthe demeura perplexe devant cette décision. Était-ce bien ce que Dieu voulait d'elle? Mais, rassurée par Lucie, elle se conforma à la suggestion du prêtre.

Jacinthe persuada sa mère de la ramener une fois encore à la Cova. Sa mère et une amie l'y conduisirent à dos d'âne. Jacinthe put à peine se tenir debout. Elle cueillit quelques fleurs pour les déposer sur l'autel primitif de la chapelle et elle y répandit ses prières. Ses adieux à ce lieu et à ce visage tant aimés furent pénibles. Durant son stage à l'hôpital d'Ourem, nombreuses furent ses peines. Mais la séparation d'avec sa famille fut le plus grand de tous ses sacrifices. La Sainte Vierge lui avait déjà dit qu'elle irait à un autre hôpital, et même tout récemment, elle lui avait spécifié que ce serait à Lisbonne. Qu'elle y mourrait loin de sa famille et de Lucie. Elle le confia à cette dernière: «Je vais aller à Lisbonne dans un autre hôpital. Je ne reverrai plus ni toi, ni mes parents. Quand j'aurai beaucoup souffert, je mourrai seule, mais je ne dois pas avoir peur, parce qu'Elle viendra me chercher pour m'amener au ciel.» Elle pleura et embrassa Lucie: «Je ne te reverrai plus jamais, tu ne viendras pas me voir. Prie beaucoup pour moi, car je mourrai toute seule...»

Lucie lui dit un jour de ne pas entretenir la pensée qu'elle allait mourir seule. Cette pensée lui était la plus douloureuse. Jacinthe répondit: «Laise-moi y penser. Plus j'y pense, plus je souffre et je veux souffrir pour l'amour de Notre-Seigneur et pour les pécheurs. Et puis, peu importe après tout. Notre-Dame va venir pour m'emmener au ciel.» De temps en temps, elle embrassait son crucifix, le baisait et lui disait: «Oh Jésus, je vous aime, et je veux beaucoup souffrir par amour pour vous!» Elle disait encore: «Oh Jésus, vous pouvez maintenant convertir beaucoup de pécheurs, parce que ce sacrifice en est un gros.» D'autres fois elle disait: «Je vais mourir sans recevoir le «*Jésus caché*». Si au moins Notre-Dame me l'apportait, quand elle viendra me chercher pour me conduire au ciel.»

Une des épreuves de Jacinthe fut de ne pouvoir recevoir la sainte communion. Elle n'avait pas atteint l'âge requis, et on ne fit pas d'exception pour elle. Lucie l'avait reçue plus tôt que d'habitude à cause de son exceptionnelle maîtrise du catéchisme.

Dans les cas de François et de Jacinthe si favorisés et si malades, on peut se demander si on n'a pas été trop rigide sur ce point; ne serait-ce que pour la raison qu'on avait déjà fait des exceptions[1]. Jacinthe demanda souvent à Lucie d'arrêter à la maison en revenant de l'église, après la réception de la communion, afin de pouvoir se réjouir à la pensée d'être si proche de «*Jésus caché*». C'était pour François et Jacinthe

---

[1] Il semble bien cependant que le Seigneur y ait pourvu à la troisième apparition quand l'ange de l'Eucharistie fit communier Jacinthe et François au précieux Sang de Jésus.

leur façon habituelle de parler de Jésus invisible mais réellement présent dans la Sainte Eucharistie.

Dans les derniers mois de sa vie, la pensée de mourir seule revenait constamment à l'esprit de Jacinthe. Dans un moment d'angoisse, ses paroles nous rappellent une déchirante supplication prononcée un soir dans un certain jardin: «Père, si c'est possible que ce calice s'éloigne de moi.» (Mt 26, 39) Lucie raconte le fait dans le Mémoire I.

«Un jour, je l'ai trouvée embrassant une image de Notre-Dame alors qu'elle lui disait: 'Oh ma bien-aimée Mère du ciel, est-ce que vraiment il me faut mourir seule?' La pauvre petite était toute bouleversée par cette pensée. Pour l'encourager, je lui dis: 'Pourquoi t'inquiéter de mourir seule, puisque Notre-Dame elle-même viendra te chercher en personne?' 'C'est vrai, je ne devrais pas. Mais je ne sais pourquoi, des fois j'oublie qu'elle viendra me chercher, je pense seulement que je vais mourir et que tu ne seras pas près de moi.'»

Même après son stage à l'hôpital de Saint-Augustin, Jacinthe pouvait parfois aller à la messe. Au retour, ses forces étaient tellement épuisées qu'elle en tombait d'épuisement sur son lit. Lucie lui disait de ne pas y aller puisque ce n'était pas dimanche, mais Jacinthe répondait: «Peu importe, j'irai pour les pécheurs qui n'y vont pas même le dimanche.» Quand elle entendait de lourds blasphèmes, elle se couvrait la figure de ses deux mains et s'écriait: «Oh mon Dieu! Ces gens ne savent-ils pas que ce genre de langage va les projeter en enfer? Pardonnez-leur Jésus et convertissez-les. Ils ne savent certainement pas qu'ils offensent Dieu. Quelle pitié! Jésus, je vais prier pour eux.» Même il lui arrivait d'y aller directement et de reprendre quelqu'un qui offensait le Seigneur. Le plus souvent, sa politique et celle de François était de s'en aller et d'éviter ainsi ce qui aurait pu dégénérer en une situation offensante pour le Seigneur.

À la mi-janvier 1920, un médecin de Lisbonne et son épouse arrêtèrent en passant pour voir Jacinthe. Il se nommait le Docteur Eurico Lisboa, un ophtalmologiste. Il fut alarmé à sa vue. «Elle était amaigrie, pâle et marchait avec grande peine», écrivit-il. Il contacta l'abbé Formigao et avec son aide, il persuada les parents d'envoyer Jacinthe à l'hôpital à Lisbonne. Ils n'avaient pas l'argent voulu, mais lui-même prit les arrangements avec un bon chirurgien pour assurer à Jacinthe les soins nécessaires.

Sa mère et le plus vieux de ses frères l'accompagnèrent dans le train. Olympia fut avisée de garder la fenêtre ouverte à cause de la mauvaise odeur qui s'échappait de la plaie suppurante de Jacinthe. Celle-ci, tantôt assise, tantôt debout près de la fenêtre, jetait un premier regard sur un monde autrement plus vaste que pouvait fournir le petit rayon d'une journée de marche à dos de mulet. Elle se montra très intéressée aux gens et aux différents paysages qui se déroulaient sous ses yeux. Quand ils arrivèrent tous les trois à Lisbonne, plusieurs dames identifièrent Antonio grâce au mouchoir qu'il avait été convenu qu'il porterait au poignet. Mais la famille à l'aise qui devait héberger Jacinthe comme son hôte, ayant réalisé sa condition, refusa de la recevoir. Ils frappèrent à la porte de plusieurs institutions, mais aucune ne consentit à prendre des arrangements pour l'accommoder. Une image surgit dans notre mémoire, d'une scène semblable dans la vie de

Jésus, Marie et Joseph. Il n'y avait pas de place dans l'hôtellerie.

Un petit orphelinat, dirigé par une tertiaire franciscaine, Mère Marie Purificao Godinho, accueillit Jacinthe avec joie. Mère Godinho avait reçu le surnom affectueux de *Madrinha* ou Marraine. Olympia resta environ une semaine avec Jacinthe et revint à Aljustrel. Une dame qui avait rencontré les voyageurs dans la salle d'attente de l'orphelinat avait donné un billet de cinquante escudos à Jacinthe. Elle les donna à Mère Godinho pour son entretien. Jacinthe bientôt allait, elle aussi, appeler la bonne religieuse, *Madrinha*; quant à l'orphelinat, elle le nomma: «La Maison de Notre-Dame de Fatima.»

Les deux semaines qu'elle passa à cet endroit furent heureuses grâce aux bons soins et à la présence de la Madrinha. Mère Godinho croyait à Fatima et elle avait prié pour avoir la faveur de connaître les enfants. Il y avait une chapelle dans l'orphelinat et le Saint-Sacrement y était gardé. Jacinthe prit l'habitude d'y aller et d'y passer de longs moments, assise à regarder le tabernacle. Elle s'assoyait sur une chaise dans le chœur. Avant le départ de sa mère, elle demanda de passer au confessionnal. Après sa confession dans une église voisine, elle se montra toute radieuse de bonheur: «Comme ce prêtre a été bon pour moi!» dit-elle à Olympia. «Il m'a posé beaucoup de questions.» Olympia qui racontait ceci ajoutait: «Je ne sais ce que je donnerais pour savoir ce que ce bon prêtre a pu lui demander pour qu'elle en soit si heureuse, mais par ailleurs, ce qui se passe au confessionnal n'est l'affaire de personne d'autre.»

Jacinthe était aimable avec tous les autres enfants,

mais elle aimait spécialement la compagnie d'une petite fille à peu près de son âge. Mère Godinho saisit plusieurs conseils spirituels en écoutant Jacinthe expliquer à sa nouvelle petite amie: «Tu ne dois pas mentir, ou être paresseuse ou désobéissante. Nous devons tout endurer avec patience pour l'amour de Notre-Seigneur, si nous voulons aller au ciel.»

À l'orphelinat et aussi à l'hôpital, Jacinthe fut visitée par la Sainte Vierge, peut-être aussi par saint Joseph et son Ange Gardien. Un jour, Mère Godinho vint lui rendre visite, Jacinthe lui demanda de venir plus tard: «Venez plus tard, Marraine, pour le moment j'attends la visite de la Sainte Vierge.» L'âme profondément mystique de Jacinthe l'ouvrait aux faveurs de choix du Seigneur. En plus de l'intelligence de mystères plus grands, ces visites célestes lui apportaient en cadeau la connaissance de détails supplémentaires. Quand Mère Godinho exprima l'espoir d'aller un jour à la Cova, Jacinthe lui assura qu'elle irait bientôt. Cela se produisit tel qu'annoncé et Mère Godinho fut assignée par ses supérieures pour accompagner le corps de Jacinthe à bord du train qui le ramenait à Fatima. Jacinthe lui dicta également une lettre à Lucie où elle lui dit que Notre-Dame lui était apparue et lui avait révélé le jour et l'heure de sa mort.

Quand Mère Godinho conduisit Jacinthe à l'hôpital Dona Estefania, elle fut l'objet d'une semonce de la part des médecins en poste et des gardes-malades pour avoir trop tardé à amener l'enfant. Le Dr Lisboa était en charge des arrangements et Jacinthe aurait préféré mourir à l'orphelinat. Elle affirma que l'opération serait inutile. Le diagnostic était «pleurésie purulente de la cavité gauche, ostéite fistuleuse de la septième et huitième côte du même côté». «Pleurésie purulente» signifiait que les membranes de la poitrine étaient enflammées et dégageaient du pus. «Ostéite fistuleuse» signifiait que les os étaient enflammés et qu'un abcès s'était formé.

À cause de son extrême faiblesse, l'anesthésie générale ne fut pas possible de sorte que Jacinthe demeura éveillée durant l'opération sous anesthésie locale. Son sens délicat de la modestie l'amena à pleurer amèrement quand on lui enleva ses vêtements. Le Dr Leonardo de Castro Freire, assisté du Dr Elvas, pratiqua l'opération le 10 février. Il était le chirurgien en chef de l'hôpital et pédiatre. Il enleva les deux côtes malades du côté gauche, laissant une ouverture assez large pour y insérer sa main. Durant l'opération et dans les jours très douloureux qui suivirent, elle répétait: «Oh ma bonne Mère, Oh ma bonne Mère.» Quelquefois elle se semonçait à voix haute: «Patience! Il nous faut tous souffrir pour aller au ciel.» Son père vint la voir une fois, mais dut repartir aussitôt pour la maison où l'attendaient à ce moment-là d'autres de ses enfants malades aussi.

Le 16 février, elle endura des douleurs aiguës et tout spécialement sévères. Mais le jour suivant, elle dit à Mère Godelinho, venue la voir: «Notre-Dame m'est encore apparue. Elle viendra bientôt me chercher. Elle m'a enlevé mes douleurs.»

Dans le IIIᵉ Mémoire, Lucie écrit: «Quelquefois on m'a demandé si Notre-Dame dans l'une ou l'autre des apparitions, avait indiqué quelle sorte de péché offensait davantage le bon Dieu, parce que disaient-ils, Jacinthe à Lisbonne aurait mentionné les péchés de la chair. Elle m'avait questionnée souvent sur ce sujet en particulier; peut-être à Lisbonne a-t-elle posé la question à Notre-Dame elle-même et que c'est la réponse qu'elle a reçue.» Selon le livre *Notre-Dame de la Lumière* du père Barthas-DaFonseca, Notre-Dame a fait cette révélation à Jacinthe quand elle l'a visitée et lui enleva ses douleurs dans l'hôpital de Lisbonne, quelques jours avant sa mort. Jacinthe, après avoir dit à Mère Godinho que ses souffrances lui avaient été enlevées, ajouta que cette fois la Sainte Vierge paraissait très triste et elle lui en avait donné la raison. «Les péchés qui conduisent le plus grand nombre d'âmes à la perdition sont les péchés de la chair. La vie dans la luxure doit être évitée, les gens doivent faire pénitence et se repentir de leurs péchés. Un grand effort de pénitence est indispensable.»

Le Dr Lisboa note qu'à peu près dans ce même temps, Jacinthe put de nouveau se divertir et s'amuser. «Elle aimait regarder les images saintes», dit-il, «une en particulier — qui me fut donnée ensuite comme souvenir — celle de Notre-Dame de Sameiro qui, disait-elle, ressemblait le plus à la Dame des apparitions. On m'a dit plusieurs fois que Jacinthe voulait me voir, mais mes devoirs professionnels étaient pressants et Jacinthe apparemment allait mieux; j'ai malheureusement remis mes visites jusqu'à ce qu'il soit trop tard.»

L'abbé Pereira dos Reis de la paroisse des Saints-Anges vint la voir et entendit sa confession le soir du 20 février, car elle avait dit vers 6 hres qu'elle allait mourir. Il promit de lui apporter la communion le lendemain, pensant qu'elle avait l'air passablement bien ou du moins qu'elle était hors de danger immédiat. Elle lui dit que ce serait trop tard. Elle avait raison. Elle ne reçut jamais le Saint Viatique.

La garde en devoir ce soir-là dans la section des

enfants était Aurora Gomez. «Aurora» signifie «Aurore». William Walsh décrit avec des mots touchants la mort de sa petite patiente. «À 10 h 30 ce soir-là, la garde la quitta pour quelques moments et revint juste à temps pour constater son dernier soupir, une rougeur sur ses joues, et un demi-sourire sur ses lèvres. Il faisait nuit dans le sombre hôpital, mais une aurore éternelle splendide se levait dans l'âme de Jacinthe, alors que la Mère de Dieu se penchait sur le lit 60, et la prenait dans ses bras qui avaient enveloppé le Christ dans son enfance et dans sa mort.»

C'était le vendredi avant le Mercredi des Cendres, le 20 février 1920. Jacinthe aurait eu 10 ans, à son prochain anniversaire le 11 mars. Un mot avait été envoyé à la famille lui annonçant qu'après l'opération, Jacinthe se portait bien. Ti Marto et Olympia en avaient été soulagés et avaient continué à soigner leurs malades à la maison. La nouvelle de sa mort leur parvint d'une façon sereine. Ti Marto fut convoqué par lettre à Ourem au plus tôt pour rencontrer le baron Alvaiazere. À son arrivée, on lui servit à manger et le baron lui remit une lettre. Sa petite fille était morte. Ti Marto dut retourner à la maison et annoncer avec ménagement la nouvelle à la famille.

À Lisbonne, le Dr Lisboa se chargea des arrangements funéraires. Une de ses patientes, Dona Amélia Castro fournit une robe blanche de première communiante et une ceinture bleue. C'étaient des souvenirs de famille. Jacinthe fut exposée comme elle l'avait désiré avec les couleurs de la Sainte Vierge. Le premier plan avait été de l'enterrer à Lisbonne. Mais le docteur reconsidéra sa décision et prit les mesures pour que le corps soit envoyé à Ourem et enseveli dans le caveau du baron Alvaiazere. Tandis que ces négocia-

tions progressaient, le corps fut porté à l'église paroissiale de Notre-Dame-des-Saints-Anges. Le curé, l'abbé
Reis, s'opposait à cette décision, mais le Dr Lisboa et
quelques autres se montrèrent convaincants. L'abbé
Reis craignait une vénération prématurée et aussi les
lois de la santé publique. Au Portugal, le règlement
ordonnait l'enterrement en dedans de 24 hres après
le décès. Le corps demeura humblement dans sa petite
tombe, sur deux chevalets, dans un coin de la sacristie.

L'abbé Reis avait raison à propos des signes de
vénération. À l'hôpital, Jacinthe avait été à peine remar-
quée. Elle était une malade parmi d'autres patients,
elle avait reçu très peu de visiteurs, n'avait causé aucun
dérangement. Probablement que seules les personnes
immédiatement concernées savaient qu'elle était une
des trois enfants de Fatima. Mais après sa mort, le bruit
se répandit et un flot de pèlerins se mirent à affluer.
Ils posaient des chapelets, des médailles et des statues
sur la robe de Jacinthe et priaient. L'abbé Reis devint
plus inquiet. Il passa la clé de la salle d'une Confrérie
située au-dessus de la sacristie, à la firme des entre-
preneurs de pompes funèbres, Antonio Almeida et
Compagnie. Il tenait à se libérer de toute responsabilité tant civile qu'ecclésiastique.

Le Dr Lisboa a noté que le Senhor Almeida lui-
même passa la nuit du 23 février dans l'église, accom-
pagnant chaque groupe de pèlerins séparément et avec
ordre à la chambre supérieure pour voir le corps. Le
Dr Lisboa écrit: «Il (Almeida) était profondément
impressionné par le respect et la dévotion qui animaient
les gens lorsqu'ils s'approchaient et baisaient le petit
corps, sur la figure ou sur les mains et se souvient très
clairement du rosé de ses joues et de l'arôme délicieux
qui s'exhalait de la dépouille mortelle. Enfin, le 24

103

février à 11 h du matin, le corps fut placé dans une tombe de plomb qui fut scellée. À cause de la nature purulente de cette maladie et de la longueur du temps accordée à l'exposition du corps, tous ces détails sont étonnants. Dans l'après-midi de ce jour pluvieux, les funérailles furent célébrées sur place, devant une assistance considérable. »

Le cortège se rendit à la Station Rossio et le train emporta les restes de Jacinthe au caveau de Ourem. C'était le Mardi Gras. Le lendemain, le carême, temps de pénitence et de prière allait commencer dans l'Église universelle. Pour Jacinthe, ce temps qui avait perduré durant 33 mois, était maintenant fini. Elle l'avait bien gardé, avec une large blessure au côté, elle avait quitté cette vie en son propre Vendredi-Saint. Marie était venue cueillir son âme. Et son corps, instrument de prière et de pénitence, épuisé et brisé répandait son parfum de Pâques, gage de sa glorieuse résurrection.

À Lisbonne, le Dr Lisboa dut s'excuser d'arriver en retard pour la Conférence annuelle de la Société Saint-Vincent-de-Paul. Il expliqua qu'il avait coopéré à une œuvre de miséricorde, l'enterrement d'une des voyantes de Fatima. Plusieurs membres de la réunion parmi lesquels quelques-uns des plus éminents catholiques de la Capitale, rirent à ses dépens. Le Cardinal Patriarche se joignit à eux. Plus tard, il devint un ferme croyant des apparitions de Fatima et il eut un grand désir de célébrer la messe à la Cova avant de mourir. Mais en 1920, à part un petit nombre de prêtres et un nombre assez grand de pieux laïcs proches des événements, Fatima n'avait pas reçu l'accueil qu'il mérita dans la suite. Il n'est pas facile d'être prophète.

Chapitre 8

LE FOND DE L'HISTOIRE

Le fond de l'histoire de Jacinthe c'est sa croissance accélérée dans la maturité spirituelle. Les trois apparitions de l'ange et les six de Notre-Dame furent les moments lumineux et décisifs de cette croissance. Il existe de bonnes preuves que Dieu l'a favorisée de nombreuses autres expériences mystiques vivifiantes. Elles furent fréquentes vers la fin de sa courte vie, comme en témoignent Mère Godinho et quelques autres. Lucie tient pour garantie que Jacinthe avait des colloques avec la Sainte Vierge. On en a des preuves externes, telle sa prédiction qu'elle irait dans deux hôpitaux et qu'elle mourrait seule. Elle prédit avec justesse la mort de deux de ses médecins et de deux de ses sœurs, Teresa et Florinda.

Dans sa dernière maladie, elle entendit le beau sermon d'un certain prêtre comblé de louanges. On ne cessait pas d'admirer sa voix et son éloquence. Jacinthe dit: «Quand vous vous y attendrez le moins, vous verrez que le Padre est méchant.» De fait, il abandonna son ministère sacerdotal en moins d'un an, dans des circonstances scandaleuses.

Elle eut plusieurs traits de lumière sur un pape futur (du moins quant à son futur à elle). Lucie en rapporte deux dans le troisième Mémoire. «Un jour, durant la sieste, nous sommes allés au puits près de chez-moi. Jacinthe s'est assise sur la margelle du puits tandis que François et moi avons grimpé sur un petit talus tout proche, pour chercher du miel dans un taillis de ronces. Voilà qu'aussitôt Jacinthe m'appelle: 'As-tu vu le Saint-Père?' 'Non.' 'Je ne sais comment, mais j'ai vu le Saint-Père dans une grande maison, il était à genoux devant une table, la figure entre ses mains. Il pleurait. Beaucoup de monde se pressait devant la porte de la maison; plusieurs lançaient des pierres, tandis que d'autres le maudissaient et s'exprimaient dans un langage grossier. Pauvre Saint-Père! Il nous faut prier beaucoup pour lui.»

Une autre fois, les enfants priaient au Cabeço. Quand ils eurent fini, Jacinthe appela Lucie: «Ne vois-tu pas tous ces chemins, ces très nombreux chemins, ces boulevards, ces champs bondés de gens qui pleurent de faim parce qu'ils n'ont rien à manger? Et le Saint-Père qui prie dans une église devant le Cœur Immaculé de Marie? Et beaucoup de monde qui prie avec lui?» Lucie ne voyait rien de tout cela.

Or, toutes ces expériences prises ensemble constituent des points lumineux ou plus encore des signes évidents de la transformation spirituelle que le Saint-Esprit opérait en Jacinthe. Elle était vraiment une enfant privilégiée de la grâce. Les faveurs de Dieu accomplirent en elle ce qu'elles font toujours. À qui dix talents sont confiés, dix autres talents sont réclamés. Les grâces spéciales exigent une correspondance proportionnelle de générosité. Ce qui signifie un dépouillement plus grand de tout égoïsme. Ce qui signifie un amour plus détaché de soi et plus ardent pour les créatures de Dieu. Ce qui signifie aussi plus de méditation et de prière de la part du mystique. Cette personne doit accepter avec générosité ce nouveau matériel que Dieu fournit librement, afin de mieux le comprendre et de mieux l'intégrer au reste de l'expérience émanant de sources plus ordinaires. Cela amènera peut-être, plus que n'importe quoi, beaucoup de souffrance. Cette souffrance vient en partie des tâtonnements obscurs de l'esprit s'efforçant de combler les vides entre les sommets. Elle peut venir de l'incompréhension des autres car une mystique telle que Jacinthe est placée dans une voie isolée. Elle peut venir des exigences d'une pénitence délibérée inhérente à une vision plus nette, ou d'un apport miséricordieux d'affliction et de maladie permis par Dieu à travers des causes naturelles.

Toutes ces différentes parties de la réponse du mystique, mises ensemble — générosité, oubli de soi, détachement, méditation, prière, pénitence, souffrance, — s'épanouissent en croissance de la maturité spirituelle. Voilà le véritable fond de l'histoire de Jacinthe.

Cette histoire commença par la qualité d'âme que Dieu donna à l'enfant avec l'ambiance de foi de ses jeunes années. Elle s'éleva avec les visites de l'ange, et elle atteignit son plein rendement durant les 33 mois, depuis la première visite de Marie, le 13 mai 1917, jusqu'au dernier soupir de Jacinthe, le 20 février 1920. Jacinthe était devenue une héroïne. L'archevêque Fulton Sheen l'appelle «un des petits géants de Dieu qui devint sage au-delà de toute science». L'abbé Jean De Marchi affirme que déjà à l'âge de 7 ans «Jacinthe était comme un ange sur la terre dont les vertus, même exprimées avec une retenue délibérée, seront tenues par plusieurs pour de pieuses exagérations».

La générosité de Jacinthe fut complète dès les débuts. Elle ne voulait manquer aucune occasion d'empêcher les âmes de tomber en enfer. Elle était méticuleuse jusqu'au moindre détail. Une comparaison qui aidera à comprendre Jacinthe. C'est celle d'une fiancée préparant ses noces. Celle-ci s'assure que tous et chacun ont bien reçu leur invitation. Elle met un grand soin à choisir sa robe. Elle revoit les détails de la cérémonie. Jacinthe évidemment en aucune manière ne se préparait pour des noces Mais elle se démenait de toute manière pour que tout le monde soit prêt pour aller au ciel. Sa crainte constante du danger que les gens couraient d'aller en enfer, était la contrepartie de son immense désir de les voir entrer au ciel. Cette crainte était aussi forte que celle d'une fiancée à la pensée que ses parents malades pourraient mourir avant son mariage. Ce serait une grande peine pour n'importe qui, mais pour Jacinthe, compte tenu de sa générosité, de sa méticulosité naturelle, de son évaluation enfantine de la dimension du péché, de la vision que la Vierge lui avait donné de ce lieu de tourments éternels, sa crainte de l'enfer pour les autres, s'engouffrait dans les plus intimes profondeurs de sa personnalité. Lucie témoigne qu'à partir de la vision de juillet et après, Jacinthe devint une toute autre personne: «son caractère même en fut changé». Ce changement s'effectua grâce à la réponse de foi et de générosité totale de Jacinthe.

Jacinthe voulut toujours s'assurer que rien ne se perde, que pas une parcelle de bien en faveur de l'âme du prochain ne soit perdue à cause d'une intention fautive. Ce n'était pas suffisant de faire un acte de renoncement. Il lui fallait s'assurer que cet acte prenne toujours la bonne direction et atteigne son but avec la précision d'une flèche tirée par un expert. Parlant de leur habitude de faire des sacrifices, Lucie raconte: quand nous choisissions d'en faire ou qu'il survenait des choses à endurer, Jacinthe avait coutume de demander: «As-tu pensé de dire à Jésus que c'était par amour pour lui? Si ma réponse était: 'non', elle me disait: Alors je vais le lui dire, et joignant les mains, elle élevait son regard vers le ciel et disait: 'Jésus, ceci est pour votre amour et pour la conversion des pécheurs.'»

François s'appliquait surtout à consoler Jésus et Marie. Cette pensée surgissait constamment dans son esprit. Il lui avait été dit, dès le début des apparitions, qu'il devait dire beaucoup de chapelets. Aussi le chapelet devint-il son compagnon de tous les jours. François ne corrigeait personne. Il quittait les lieux et s'éloignait si on jurait, mentait, potinait, racontait de mauvaises histoires ou si on blasphémait.

Mais Jacinthe naturellement gênée, et ne se trouvant à l'aise que dans un milieu amical, rappelait les gens à l'ordre, disant: «Ne faites pas ça, vous offensez Dieu, et il est déjà tellement offensé.» Si l'adulte ou l'enfant se rebutait, la traitait de fausse dévote ou de petite sainte en bois vermoulu ou autre chose semblable, ce qui arrivait souvent, elle les regardait d'un certain air sévère et s'éloignait sans ajouter un seul mot.

Les rebuffades blessaient Jacinthe comme n'importe quelle autre personne. Mais elle en était blessée d'une façon plus vive pour cette raison assez inhabituelle, toujours primordiale pour Jacinthe, que cette personne de nouveau offensait Dieu et rendait son salut plus incertain.

Les trois enfants se rendaient compte qu'ils voulaient de plus en plus se retrouver ensemble. La profondeur de leurs expériences communes établit un lien très fort qui les amena à rechercher la compagnie les uns des autres. Lucie, l'aînée, plus ouverte à l'extérieur, était cependant plus prête à succomber aux invitations de ses amies, à retourner à la toilette et aux divertissements. François lui en faisait un reproche à l'occasion. Lui et Jacinthe évitaient certains jeux et la compagnie de certains amis, s'ils y voyaient un obstacle à leur engagement à consoler les Cœurs de Jésus et de Marie, et à sauver les pécheurs.

Les trois enfants parlaient souvent des sacrifices qu'ils avaient faits ou se proposaient de faire, et de tout ce que la Vierge Marie leur avait dit. Ils étaient ingénieux pour trouver de nouvelles façons de faire des sacrifices sans que leurs parents ou leurs familles s'en aperçoivent. Ils en faisaient le compte et s'y encourageaient les uns les autres.

Pour eux, cela n'était pas un jeu ou une façon de se faire valoir ou une recherche de vanité. Leur but était les âmes à sauver, la guerre à éviter, le réconfort de Jésus et de Marie. Jacinthe, dans sa dernière maladie, demanda à Lucie: «Sais-tu pourquoi Jésus est si triste? Notre-Dame m'a expliqué combien il était offensé, et tout le monde reste indifférent; tous continuent de pécher sans arrêt.»

Ce qui est touchant chez Jacinthe c'est le don complet d'elle-même. La tendance de son âme, son oubli d'elle-même, son amour de Jésus et de Marie et de tous la projetaient toujours en avant. Son don d'elle-même ne peut se mesurer qu'à la balance de l'héroïsme tant il était exigeant. Souvent elle demeure immobile dans son lit de malade exactement dans la même position où on l'avait placée. Pourtant bouger ou se tourner de côté au lit, avec la fièvre qui brûle ou dans un moment de malaise pour chercher un peu de fraîcheur ou de répit, semble presque une nécessité. Un jour où Lucie et François se confiaient l'un à l'autre les sacrifices qu'ils avaient faits, Jacinthe dit: «Durant la nuit j'ai eu des douleurs et j'ai offert à Notre-Seigneur le sacrifice de ne pas changer de position dans mon lit, et pour cette raison je n'ai pas dormi du tout.» Quelquefois, alors que François était encore vivant, elle désirait ardemment aller le voir, mais elle retardait sa visite afin d'aider un pécheur par ce sacrifice.

En même temps, toutefois, elle avait cette qualité d'être toujours prête à se laisser diriger, chose qui distingue les vrais voyants des faux. Le curé d'Olival avait une bonne manière d'éclaircir les situations. «Si tu as envie de manger quelque chose en particulier, oublie-le et mange autre chose, et offre ce sacrifice à Dieu.» Elle était capable même d'apprécier et de suivre la politique inverse, c'est-à-dire de faire à Dieu le sacrifice de ne pas faire tel sacrifice quand les circonstances l'exigeaient. Ainsi, grâce à une telle disponibilité, un sentier était toujours ouvert selon les diverses occasions qui appelaient le don total sans détruire la modération.

Jacinthe remit à Lucie le morceau de la corde qu'elle portait autour des reins. Ceci arriva peu de temps après qu'elle tomba malade. François avait fait la même chose. Jacinthe dit à Lucie: «Garde-la, j'ai peur que maman la voie. Si je deviens mieux, je la reprendrai.» Cette corde avait trois nœuds et portait des taches de sang. Lucie la conserva avec celle de François jusqu'au jour où elle quitta la maison pour le pensionnat d'Oporto. Alors, elle les brûla toutes les deux.

Après la première apparition de mai, Jacinthe demanda à Lucie de s'enquérir auprès de la Dame, si elle avait faim. Quand elle apprit, surtout en juillet, que c'est des âmes que la Dame avait faim, Jacinthe comme une hôtesse pleine de sollicitude, ne tarissait pas d'efforts pour alléger cette faim spirituelle de celle qu'elle aimait tant. Dans les derniers jours de sa vie, quand la Sainte Vierge lui apparut et lui dit qu'elle ne souffrirait plus, Jacinthe affirme que Marie la regarda avec tristesse, et lui communiqua la cause de cette tristesse. «Les péchés qui conduisent le plus grand nombre d'âmes en enfer sont les péchés de la chair. La vie dans l'impureté doit être évitée. Les gens doivent faire pénitence et se repentir de leurs péchés. Une grande pénitence est indispensable.» Jacinthe partagea cette souffrance de Marie. «J'ai tellement de peine pour Notre-Dame. Je suis tellement triste de la voir ainsi.»

Le cœur de Jacinthe débordait d'amour. Comme la plupart des petites filles de son âge qui embrassent leur poupée, Jacinthe serrait sur son cœur et baisait l'image du Sacré-Cœur. Plus tard, elle demanda et on lui apporta une image du Cœur Immaculé de Marie. Elle fondit en effusion d'amour en l'embrassant. Elle savait que ces deux cœurs ne faisaient qu'un. Parce qu'elle était dépouillée d'elle-même et de tout autre amour, elle vibrait aux peines des autres et pleurait sur leurs besoins. Sa première pensée était toujours pour les pécheurs. Le Saint-Père avait la première place après eux. Il eut toujours en Jacinthe une fidèle admiratrice, une petite amie enthousiaste et affectueuse. Souvent elle pensait au besoin qu'il avait de nos prières. Elle lui réservait trois Ave Maria de plus après chaque chapelet.

Un jour, elle rencontra un soldat qui pleurait parce qu'il avait reçu l'ordre de partir pour la guerre. Il laissait derrière lui, sa femme malade et ses trois enfants. Jacinthe l'invita à dire le chapelet avec elle et lui assura: «Ne pleure pas, Notre-Dame est si bonne! Je suis sûre qu'elle va t'accorder la grâce que tu demandes.» L'ordre en effet fut annulé la veille du jour de son départ. Jacinthe ne cessa jamais de prier pour lui. À partir de ce moment, il bénéficia d'un Ave Maria, après chaque chapelet. Cela nous rappelle le poème anglais «The Trimmins on the Rosary» qu'on peut traduire par «Les garnitures du chapelet», dans lequel l'auteur souligne les intentions spéciales pour des personnes spéciales qui ne cessaient de s'ajouter les unes aux autres indéfiniment, avec des mentions spéciales et des Ave Maria de surplus. La vie de Jacinthe était une sorte de «Garniture du chapelet».

Elle et ceux pour lesquels elle priait étaient très proches. La distance ne signifiait rien pour elle. Son généreux petit cœur faisait le pont entre elle et Rome et l'invisible Saint-Père; il couvrit la distance qui la séparait du prêtre inconnu frappé de suspense de ses fonctions et il supprimait la distance entre elle et les pécheurs inconnus pour qui elle priait et se sacrifiait. Quand elle entendit parler de ce prêtre, elle éclata en sanglots. À cette occasion elle dit que les gens devaient prier pour les prêtres et non pas les blâmer. Jacinthe était socialement une espèce de solitaire. Elle n'était pas une extrovertie dans le sens d'être encline à se mêler aux autres et à partager avec tous ses sentiments et ses pensées. De sorte qu'elle vécut une vie esseulée qui dépasse l'ordinaire. Son chemin fut le sentier isolé des grands mystiques. La plupart atteignent leur maturité spirituelle à l'âge adulte. Ils apprennent l'art de s'adapter aux exigences sociales. Jacinthe a atteint la maturité spirituelle dans l'enfance. L'isolement nécessaire pour y arriver ne pouvait trouver de compensations ou d'adaptation à son âge. Il lui fallait être solitaire parce que son cœur était tellement extroverti. Ils étaient peu nombreux de quelque âge qu'ils fussent avec qui elle aurait pu le partager.

Lucie a répondu à la question de savoir ce que les gens éprouvaient à l'endroit de Jacinthe (Mémoire IV). Elle avoue que c'est une réponse difficile à donner, mais qu'elle pouvait rapporter ce qu'elle-même avait ressenti et ce qu'elle avait conclu des réactions extérieures de l'entourage.

«Ce que moi, j'ai ressenti, est ce que l'on éprouve ordinairement quand on se sent en présence d'une sainte personne, qui nous paraît en communication constante avec Dieu en toutes choses. Jacinthe avait toujours un caractère sérieux, modeste et affable, qui semblait manifester la présence de Dieu dans tous ses actes, tel qu'il arrive aux gens avancés en âge et de grande vertu. Je n'ai jamais constaté en elle cette frivolité ou cet enthousiasme typique des petits enfants pour les parures ou les jeux. Ceci après les apparitions parce que antérieurement elle était une entraîneuse dans l'enthousiasme et le caprice.»

«Si j'étais près d'elle, en un rien de temps, nous avions une douzaine d'enfants autour de nous, mais si je partais, elle demeurait seule. Cependant tant qu'ils étaient là, ils semblaient jouir de sa compagnie. Ils l'embrassaient de ces embrassements qui naissent d'une innocente sympathie. Ils aimaient chanter et jouer avec elle... Durant sa maladie, quand je la visitais, je trouvais en général un bon petit groupe qui m'attendait

114

pour entrer avec moi la voir. Il semble qu'un certain respect les arrêtait.»

Quand Lucie demandait à Jacinthe si elle voulait que quelques enfants restent avec elle, elle répondait: «Très bien, mais seulement les plus petits que moi.» Ces tout-petits étaient ravis de demeurer avec elle. Jacinthe chantait avec eux, leur apprenait des prières, et quand elle le pouvait s'assoyait sur le plancher et jouait avec eux. Mais les enfants ne revenaient jamais tout seuls. Ils attendaient que Lucie les introduise ou bien que Jacinthe les appelle. Ils éprouvaient une espèce de retenue.

Les dames du village venaient quelquefois et appor-taient leur raccommodage. Elles aimaient être auprès d'elle. Elles s'y sentaient pénétrées d'une atmosphère surnaturelle. Elles ressentaient la même chose auprès de François. «Nous venons de parler avec François et Jacinthe. Près d'eux, nous nous sentons envahies d'une sorte de paix surnaturelle que nous ne savons comment exprimer.» Elles demandaient à Lucie d'élaborer là-dessus. Celle-ci haussait les épaules et se taisait. «J'ai souvent entendu les gens commenter sur ce fait», dit-elle.

Il n'y a vraiment pas de règles définies à suivre pour un directeur qui le rendent apte à donner un support total, ou à acquérir la pleine compréhension que requiert une enfant telle que Jacinthe. Elle avait besoin d'une direction au-delà de leur capacité. Aussi n'en fut-elle pas privée. La Sainte Vierge elle-même conti-nua à prendre un soin personnel de la direction de son ardente dirigée dans le pénible processus de la mort à elle-même, afin que les dons de Dieu puissent mieux vivre en elle et dans les autres. Jacinthe mérite d'être appelée la plus petite âme victime. Sa vocation spéciale était de se maintenir en état d'offrande d'elle-même dans le sens le plus vrai et la forme la moins égoïste. Son désir le plus ardent et toujours actuel était de se livrer tout entière à l'Amour. Marie la dirigea dans le procédé d'anénantissement que cela exige. Graduellement, Jacinthe récolta ici-bas les richesses que procure le détachement total de tout égoïsme. Elle devint plus contemplative, plus vivement consciente des vraies valeurs, plus remplie de la présence de Dieu, plus apte à voir dans le cœur des autres.

La sagesse de ses derniers mois révèle une âme en contact intime avec Dieu, remplie d'une sorte de science qu'un autre Enfant montra un jour, dans le temple de Jérusalem.

Le docteur Joaquin Alonso écrivit et compila un ouvrage de 18 volumes, sorte de document officiel des événements de Fatima. Il étudie en détails tous les dires qu'on attribue à Jacinthe dans les derniers mois de sa vie. Il en retient un certain nombre, quant aux autres il les déclare inauthentiques. Un qui est souvent cité est celui-ci: «Des modes offenseront beaucoup Notre-Seigneur. Les personnes qui servent Dieu ne devraient pas suivre les modes…» Le Dr Alonso questionné sur ce dire, en particulier durant un voyage aux États-Unis en 1975, répondit avec la prudence d'un expert qu'il soutenait l'authenticité de quelques textes attribués à Jacinthe. «Et ces derniers sont suffisants pour conclure que Jacinthe a reçu une lumière spéciale concernant le soin que les chrétiens doivent mettre sur ce point important de l'éducation morale chrétienne.»

Un des dires attribués à Jacinthe, qui prend plus de sens aujourd'hui qu'il en avait en 1920, est celui-ci: «Les médecins ne savent pas comment guérir convenablement les gens, parce qu'ils n'ont pas l'amour de Dieu.» Aujourd'hui, il y a plus de place dans l'art de guérir pour l'exercice de l'amour humain et pour les activités profondes du bien-être spirituel. Quand on demanda à Jacinthe qui lui avait fourni ces petites capsules de sagesse, elle répondit: «C'est Notre-Dame, mais j'aime à croire que quelques-unes viennent de moi.»

Cette réponse met en lumière deux choses. Elle nous apprend d'abord que les dires attribués à Jacinthe ne devraient pas être préfacés par «Notre-Dame a dit» et ensuite, elle nous dit que Jacinthe est une prophétesse de plein droit. Elle compare ses profondes expériences mystiques vécues dans les visions principales à d'autres de nature privée, vécues dans une constante coopération de son âme avec la grâce de chaque jour. Elle combine celles-ci avec l'enseignement plus ordinaire reçu par voie d'instruction émanant des expériences courantes de la vie. Elle montre un équilibre, une maturité bien au-dessus de son âge. Et voilà le fond authentique de son histoire. Si l'Église l'élève aux honneurs de la sainteté, ce sera là sa vraie raison de le faire. Elle sera déclarée sainte parce qu'elle fut héroïque dans la pratique de la vertu, généreuse et totale dans le don de soi. Elle sera déclarée sainte parce qu'elle mit tout son cœur dans le Plan de Paix offert au monde par le Cœur Immaculé de Marie, en l'année 1917, à Fatima.

Épilogue

LE PLAN DE PAIX ET VOUS-MÊMES

Tout ce qui a été mis en œuvre jusqu'à présent aboutit à un centre. Il soulève une question. Puisque vous faites partie de ce centre, la question est la suivante: Que ferez-vous pour la paix? Jacinthe a été présentée comme un prophète pour notre temps. Elle a vécu et elle est morte dans notre vingtième siècle. En tant qu'enfant et prophétesse envoyée par Dieu, elle proclame la vérité, à la façon directe et spécifique d'une enfant. Pas de grands mots. Rien de compliqué ou de difficile à comprendre au cœur de son message.

Vu que son message en est un de paix, il s'adresse à quiconque est intéressé à donner son concours pour la paix dans le monde. Ce qui signifierait, à toute personne de bonne volonté. Son message ne s'adresse pas seulement aux catholiques ou à tous les chrétiens, c'est un appel à tous. La paix est un intérêt et une valeur qui atteignent tout le monde, partout. Avec les armes d'aujourd'hui capables de tout détruire, quand un cataclysme inimaginable peut engouffrer la race humaine et engloutir des nations entières et détruire notre civilisation, l'appel à faire l'impossible pour gagner la paix est urgent et incessant.

Aucun des anciens prophètes, avertissant les peuples d'amender leur vie, n'avait plus de raisons de leur faire entendre la Parole divine qui les animait que n'en avait la plus jeune parmi les prophètes de tous les temps. Plus que n'importe quel autre peuple antique, avons-nous besoin de l'écouter et de répondre à ses appels.

Ce qu'il nous faut apporter doit dépasser la rhétorique et les beaux sentiments. Nous avons besoin de fournir des attitudes spécifiques qui dépassent des louanges à la paix ou l'expression de bonnes intentions. C'est pourquoi à ceux et celles qui acceptent Jacinthe comme une authentique prophétesse, porteuse d'un message divin qui montre le chemin vers la paix, on donne ici des suggestions simples et spécifiques. Dieu n'appelle pas nécessairement tous et chacun à jouer exactement le même rôle pour la réalisation de son Plan de Paix. Cependant, il ne veut éliminer personne de bonne volonté. La Paix étant pour tous, le Plan de Paix, tous doivent y participer. La première demande va au cœur du message. AMENDEZ VOTRE VIE ET PRIEZ. Faites cela selon les trois sons de cloche qui résonnèrent si fortement dans l'âme de Jacinthe. Sa marche vers Dieu s'est déroulée au rythme de ces trois sons de cloche: le ciel, l'enfer, le Cœur.

Le premier son de cloche dans sa vie, c'est le CIEL. Elle eut l'assurance qu'elle y entrerait. Elle eut même la garantie que ce serait dans peu de temps; et même à mesure que ce temps approchait, elle connut le jour et l'heure exacte où elle y entrerait. Cette connaissance éclaira tous ses pas et donna à chaque chose dans sa vie, sa vraie valeur. Elle comprit que tout le reste était d'importance inférieure. De fait, la pensée du ciel nous permet de mesurer tout le reste selon leurs véritables proportions. Vous apprenez à porter vos désirs vers des valeurs plus sûres et plus durables. Vous apprenez à mieux rebondir après un déboire ou même un amour perdu. Car vous n'avez pas perdu le ciel et vous avez encore l'amour de Dieu. Vous gardez l'espoir d'entrer au ciel, de rencontrer Jacinthe et des légions de personnes qui vous donneront plus d'amour que la somme de tous les amours possibles sur la terre. Des papes, des rois, des premiers ministres, des présidents, des maîtres, des serviteurs, des saints canonisés et des pécheurs convertis seront tous là, jubilants de béatitude. Tout ne sera qu'ordre et harmonie. Ce sera la paix parfaite, car la paix est la tranquillité de l'ordre. Là, ni mensonge, ni malhonnêteté, ni jalousie, ni peur ou haine, ni mauvais traitements d'aucune sorte. La créature sera en parfaite relation avec le Créateur. Un joyeux chant de louange et d'action de grâce remplira toutes les âmes.

Le second son de cloche qui résonnait sur la route de Jacinthe c'est l'ENFER. Jacinthe n'a jamais vu les champs de bataille, mais elle vit bien pire, elle vit l'enfer. Son amour désintéressé s'étendait à tout le monde. Elle voulait sauver de l'enfer autant de monde qu'elle pouvait. Elle comprit que les guerres sont des enfers mineurs et temporaires où les désordres du péché se développent et aboutissent en un chancre visible. Elle comprit que les guerres ne pouvaient donner qu'une mince idée de l'enfer réel et éternel, où les désordres du péché aboutissent en un chancre actuellement invisible. C'est pourquoi elle voulait prévenir le péché. C'est pourquoi elle était tellement inquiète du sort des gens. C'est pourquoi elle offrait si généreusement tous ses sacrifices et souffrances. Elle avait compris que Dieu s'en servait pour en sauver d'autres des peines de l'enfer et aussi des calamités de la guerre.

Son courage face à l'enfer et à la guerre tout ensemble, indique à tous le chemin à prendre. Si vous l'acceptez comme une prophétesse, envoyée de Dieu, son doigt alors est pointé sur vous, pour vous rappeler de vous opposer à l'enfer, à la guerre et au péché d'une façon personnelle. Évitez vous-mêmes le danger de ce dernier et jusqu'à un certain degré vous aurez tiré les autres du double danger de l'enfer et de la guerre. Pensez à l'enfer d'une façon positive et réaliste. Ne demeurez pas un accroché, suspendu au-dessus de l'enfer. Changez de vie.

Pour vous aider à faire face à la réalité de l'enfer, une liste peut être dressée des différents noms qui furent donnés au péché: l'orgueil, la convoitise, le malhonnêteté, la médisance, le mensonge, la fraude, le vol, le meurtre. Si vous pouvez visualiser le trouble, les souffrances et les discordes que ces choses ont pu introduire dans votre propre vie, alors additionnez cela en un tout permanent. Vous aurez alors un reflet de l'enfer. Si vous pensez aux peines que les gens attirent sur eux-mêmes et sur les autres par la boisson, les drogues, l'infidélité conjugale, l'abandon de la famille, encore là vous voyez se dresser une image de l'enfer. Si vous réfléchissez à ce que signifie le regret amer d'avoir manqué des occasions en or, d'avoir négligé des travaux importants, d'avoir cédé au découragement, en additionnant tout cela ensemble, vous composerez un tableau qui vous donnera une idée des regrets torturants de l'enfer. Si vous faites revivre dans votre mémoire les gens qui vous ont haï, ou ont cherché à ruiner votre réputation (ou si vous vous rendez compte que vous avez vous-même agi ainsi), alors additionnez tout cela et placez tout ce monde et vous-même, ensemble, dans une seule et même chambre familiale.

Vous aurez l'image du genre de compagnie qu'on trouve en enfer. Là, c'est le tous contre un et un contre tous. Là n'existe plus ni l'amour, ni la sympathie. Là, tout le monde est contre tout le monde et contre Dieu.

Le troisième son de cloche qui résonnait dans son âme c'est le CŒUR. Si vous pouviez le saisir comme Jacinthe et son frère François l'ont saisi, vous auriez une image plus claire du ciel, ce premier son de cloche qui retentit dans leur expérience extraordinaire. Ils eurent le privilège de contempler le plus parfait de tous les cœurs purement humains. Marie n'a pas choisi de montrer aux enfants de Fatima une vision du ciel. Elle leur a seulement montré son cœur. Ils eurent alors un tel reflet du ciel, de ses joies et de l'amour qu'on y trouve qu'ils eurent le désir passionné d'y aller. Le Cœur Immaculé est le portrait du ciel, parce qu'il réfléchit l'ordre parfait qui s'y trouve, parce que là toutes les créatures jouissent d'une communication idéale entre elles et avec leur Créateur. Ce Cœur est l'image du ciel parce qu'il donne le portrait de l'amour à son meilleur.

Un bon indice pour arriver à comprendre le Cœur qui fut présenté aux enfants, c'est la sérénité et la joie qu'il leur apporta. Après les visites de l'ange, ils étaient heureux, mais figés et incapables de s'en parler. Quand la Dame venait, ils échangeaient leur joie entre eux avec ardeur et facilité. Sa visite les laissait tout simplement être délicieusement eux-mêmes.

Le bienfait qui vous reviendra d'essayer de capter l'esprit de Jacinthe c'est que graduellement vous finirez par connaître le parfait accueil. Vous pourrez être parfaitement vous-même, à l'aise et heureux dans votre effort vers le progrès dans le bien. Votre actualisation spirituelle grandit, mais les efforts semblent moins pénibles. Comme l'affirme saint Augustin, là où réside l'amour, il n'y a pas de peine ou s'il y a de la peine, cette peine est aimée. Les commandements de Dieu nous sont présentés ici, écrits sur un Cœur parfait. Ils ne nous sembleront pas pénibles ou accablants tant qu'ils seront accueillis de cette façon. Ce Cœur reflète l'infinie compassion du Dieu qui donne ses commandements. Il nous rappelle que Dieu, dont la justice pourvoit à l'existence d'un enfer éternel, a aussi une miséricorde correspondante qui est symbolisée par ce Cœur tendre et parfait d'une femme.

Quels que soient les péchés que vous ayez commis ou combien négligents ou ingrats que vous ayez pu être, ou le temps plus ou moins long qui se soit écoulé depuis que vous ayez éprouvé un vrai repentir, la miséricorde de Dieu continue cependant de vous appeler. Dieu ne parle pas à la manière d'une voix éclatante venant du ciel. Plutôt c'est sa volonté en ces jours de personnifier sa miséricorde dans un Cœur Immaculé, et de vous appeler à travers la voix douce et charmante d'une femme. «Pourquoi n'abandonnent-ils pas le péché?» La voix de la plus jeune parmi les prophètes fait écho aux appels du Cœur, qui de toutes les pures créatures, aime Dieu et toutes les créatures de la façon la plus parfaite.

La prière entre dans le Plan de Paix. La prière est nécessaire parce que c'est une partie principale du bon ordre des relations des créatures avec leur Créateur. Le Cœur Immaculé est un cœur qui prie. Sans la prière, il est impossible d'amender une vie. La prière puise dans les réservoirs de l'énergie que Dieu fournit à ceux qui veulent accomplir leurs obligations avec fidélité et perfection. Prier pour les autres manifeste la forme la plus élevée de l'amour envers eux. Elle recommande parents et amis à la plus haute source de bonté et lui dit: «Soyez bons pour ceux que j'aime.» Prier pour les autres atteste que vous avez le cœur à la bonne place. Le modèle offert dans le Plan de Paix est le Cœur le plus parfait parmi ceux de toutes les pures créatures, le Cœur Immaculé de Marie, fille privilégiée du Père, Mère toujours Vierge du Fils, Épouse très fidèle du Saint-Esprit.

Pour compléter la signification du troisième son de cloche, une prière-programme toute simple, toute courte est suggérée. Le mot à mot en peut être altéré pour rejoindre les souhaits ou la conscience de chaque personne:

— J'offre aujourd'hui à Dieu toutes mes pensées, mes paroles, mes actions.»

— «Doux Cœur de Marie, soyez mon salut.»

— «Jacinthe, dis avec moi, Doux Cœur...»

— «Ô mon Jésus (ou bien Mon Dieu) pardonnez-nous nos péchés, préservez-nous du feu de l'enfer, et conduisez au ciel toutes les âmes surtout celles qui ont le plus besoin de votre miséricorde.»

— «Ô Dieu (ou Ô Très Sainte Trinité), je crois en vous, je vous adore, j'espère en vous et je vous aime, en réparation pour ceux qui ne croient pas, n'adorent pas, n'espèrent pas et ne vous aiment pas.»

Une prière était tout particulièrement recommandée dans le Plan de Paix. À chaque apparition, Marie demandait aux enfants de dire et d'amener les autres à dire le chapelet. Quand Lucie lui demanda son nom, la Dame répondit qu'elle le dirait à sa dernière visite, donnant ainsi à sa déclaration l'impact d'un «suspense». La déclaration de son nom était ainsi minutée pour être faite dans le mois d'octobre, traditionnellement appelé dans l'Église catholique le mois du Rosaire. Finalement, le 13 de ce mois, Marie répondit à la question de l'enfant: «Je suis Notre-Dame-du-Rosaire.» Comme dans les apparitions antérieures, elle tenait le chapelet dans ses mains. Marie demande à tous ceux qui suivent le Christ de dire le chapelet.

La seconde suggestion s'adresse donc à tous les chrétiens. L'appel de Marie n'est pas limité aux seuls catholiques pas plus que la célébration de Noël et de Pâques ne leur est réservée. Les vérités et les mystères célébrés dans ces deux grandes fêtes constituent deux des quinze mystères rappelés dans le rosaire. Parmi d'autres grands événements mentionnés dans le rosaire et célébrés par tous les chrétiens, on compte l'Ascension de Jésus au ciel et la venue de l'Esprit-Saint au jour de la Pentecôte. Ainsi en est-il des événements qui entourent le Vendredi Saint et la Passion de Jésus. Les faits majeurs de l'enfance de Jésus depuis sa conception jusqu'à l'âge de 12 ans, quand il fut trouvé dans le Temple, nous sont rappelés dans le rosaire. Tous sont inscrits dans la Bible et sont hautement estimés par tous les chrétiens.

Ces vérités et ces événements joints ensemble sont appelés des mystères. Ceux qu'on vient de mentionner représentent treize des quinze mystères qui composent le rosaire. Ce sont des événements et des vérités qui nous font pénétrer dans le mystère de notre union à Dieu. En les repassant dans notre esprit, nous trouvons de meilleures réponses sur ce que nous sommes, sur le pourquoi de notre existence, sur ce que Dieu attend de nous. Cette méditation nous fait faire le tour des événements et des vérités qui nous mettent en contact avec la démonstration la plus visible et la plus claire des plans de Dieu jamais présenté à la race humaine. On les appelle mystères parce qu'ils traitent des vérités sublimes qui rattachent l'existence de l'homme à l'existence de Dieu. Prenez ce petit cercle de mystères et vous possédez un noyau solide. Disposez le reste de votre vie et de la vie de tout le monde de votre voisinage autour de ce centre, en cercles concentriques, et vous trouverez les réponses aux plus profonds secrets de la vie: le sens de la joie et de la douleur, de la miséricorde et de la justice, et les moyens d'atteindre le but final: le bonheur et la gloire dans le paradis.

Les deux derniers mystères du rosaire nous introduisent dans ce bonheur. Ils insistent sur la manière dont la plus pure des créatures a atteint ce sommet. Le Cœur Immaculé de Marie, représentant chacun de nos cœurs, nous apparaît le cœur humain le plus haut en amour avec son Créateur dont elle est en même temps la Mère. Ce Cœur ne pouvait être abandonné à la corruption du tombeau ayant échappé à l'emprise de la faute originelle qui causa ce châtiment, c'est pourquoi Marie fut enlevée au ciel avec son corps et son âme. Là-haut, la plus proche de Dieu, au-dessus des anges et des hommes, elle a reçu la première place en tant que Reine du ciel et de la terre. Tous les mystères du rosaire la glorifient. Sa victoire est la nôtre. De toutes les personnes qui ont marché sur les sentiers de ce monde, de tous les anges qui honorent le Créateur et nous donnent leur aide, il n'y en a pas de plus sainte, de plus puissante, plus près de l'Être Suprême, aucune de plus unique parmi les pures créatures. En Marie nous avons la meilleure image de ce que nous pouvons désirer. En elle, nous avons la personnification de notre espérance. Saint Bernard condense tout cela dans une phrase, qui depuis plus de mille ans, a fait tressaillir les cœurs chrétiens: «Salut, Ô Reine, Mère de Miséricorde, notre vie, notre douceur et notre espérance.»

La victoire de Marie s'épanouissant dans son Assomption et son couronnement royal est aussi la grande victoire du Christ. Elle est la première des rachetés, le plus beau fruit de son sacrifice. Il fut un temps où Marie n'existait pas. Elle n'était rien, non existante, si ce n'est dans la pensée de Dieu. De ce néant Dieu le Père l'a appelée à l'être, Dieu le Fils l'a rachetée et Dieu le Saint-Esprit en a fait son épouse, celle qui, parmi les créatures, a été la plus visible et la meilleure collaboratrice dans la distribution de ses dons.

Il n'est pas difficile de voir pourquoi Notre-Dame a recommandé le rosaire comme la meilleure prière pour obtenir la paix. Le rosaire est une formule pratique déjà vénérée durant plusieurs siècles, en usage chez des millions de chrétiens. Il a aidé une foule de gens à conserver dans leurs cœurs les vérités de l'Évangile, jour après jour. Et cela parce qu'il est simple, pratique et visible. Il n'est pas nécessaire de savoir lire pour dire le chapelet. À travers les siècles, ce fut le cas de la plupart des gens. Même de nos jours, une grande portion de l'humanité ne sait pas lire. Même pour les plus grands savants, le chapelet est une formule qu'ils trouvent pratique pour se rappeler les vérités essentielles du Christianisme et pour les repasser d'une manière adéquate.

Le rosaire se définit comme une manière de méditer sur les mystères joyeux, douloureux et glorieux de la vie du Christ et de l'Église, accompagné de la récitation de Notre Père et de Je vous salue Marie. Ces prières vocales apportent le fond de scène et mesurent le rythme de la récitation. Le Je vous salue Marie est en lui-même un résumé du Christianisme pour l'individu: «Je vous salue Marie, pleine de grâce» rappelle le moment de la conception de Jésus. «À l'heure de notre mort» rappelle le moment tant attendu de la gloire, quand tout ce que Jésus a fait pour chaque personne trouvera son apogée dans notre rencontre face à face avec lui.

Sur notre méditation, sur le doux bruissement de la prière vocale, la Colombe plane. Le Saint-Esprit qui a inspiré les Évangiles, se délecte de ce simple résumé. Le Saint-Esprit qui a inspiré les 150 psaumes prend ses délices dans les 150 Avés qui rappellent les psaumes. Les quinze dizaines du rosaire étaient le psautier du peuple au Moyen-Âge. Ceux qui ne pouvaient lire ou ne pouvaient s'unir aux moines dans la récitation des psaumes la remplaçaient par le Je vous salue Marie tandis que les cloches du monastère les invitaient à la prière sept fois par jour.

Au cours des siècles, le psautier du peuple ou le psautier de la Vierge fut appelé le rosaire, ce qui veut dire guirlande de roses. La belle idée d'apporter des roses à Marie, de la couronner de guirlandes de roses fut ajoutée aux anciennes pratiques. La coutume voulut graduellement que le terme ROSAIRE signifiât dans certaines langues (l'anglais par exemple), la récitation de cinq dizaines que nous appelons en français, le chapelet. C'est celui-ci que la Sainte-Vierge demande à Fatima. La Dame a pris un mot portugais qui signifie justement le tiers de quinze dizaines (notre chapelet): «Continuez de dire le Terco» dit-elle aux enfants.

Les quinze mystères sont divisés en trois séries: cinq joyeux, cinq douloureux, cinq glorieux. Un ministre méthodiste anglais, le Rév. J. Neville Ward, a écrit un livre sur le rosaire et il l'a intitulé: «Five sorrows, ten joys» (cinq douleurs, dix joies). Dans ce livre, il offre une série de méditations et recommande l'usage du rosaire à tous les chrétiens en général. Il dit: «Je suis sûr qu'un des moyens les plus efficaces de réaliser l'unité chrétienne c'est pour les chrétiens d'une tradition, de chercher à partager l'expérience des richesses du Christ d'une autre tradition.»

Les noms des mystères manifestent par eux-mêmes les richesses du Christ. Les mystères joyeux considèrent ces richesses depuis la conception de Jésus jusqu'à l'âge de 12 ans. Ils sont: 1) l'Annonciation, quand Jésus fut conçu; 2) la Visitation, quand sa mère visita Élisabeth et fut saluée par les mots: «Bénie êtes-vous entre toutes les femmes et le fruit de vos entrailles est béni»; 3) la naissance de Jésus à Bethléem; 4) la Présentation de Jésus au Temple et 5) le recouvrement de Jésus après trois jours. Les mystères douloureux couvrent les événements du Vendredi Saint: 1) l'Agonie au Jardin des Oliviers; 2) la Flagellation; 3) le Couronnement d'épines; 4) le Portement de la croix; 5) le Crucifiement et la mort. Les mystères glorieux sont: 1) la Résurrection; 2) l'Ascension de Jésus au ciel; 3) la Venue de l'Esprit Saint; 4) l'Assomption de Marie au ciel et 5) le Couronnement de Marie comme Reine.

Le rosaire conduit au Cœur Immaculé de Marie. Son Cœur et celui de Joseph ont été formés par les mystères qu'ils ont vécus ensemble et au moyen desquels le rosaire nous guide en leur compagnie. Comme le Cœur de Marie est une copie parfaite des lois de Dieu, il s'en suit que le rosaire imprime ces mêmes lois dans nos cœurs. Saint Paul écrivit aux Corinthiens qu'ils étaient une lettre du Christ écrite non avec de l'encre, mais avec l'Esprit du Dieu vivant, non sur des tables de pierre, mais sur les tables de chair de leurs cœurs. Le rosaire apporte sa puissance pour écrire le message du Christ sur nos cœurs. Dans nos allées et venues quotidiennes, dans nos contacts avec les gens nombreux que nous rencontrons, quelques-uns liront ce message. Quelques-uns en profiteront pour mieux le suivre. Tout cela aide à ramener la paix dans le monde.

Et Dieu qui établit la balance entre la justice et la miséricorde sera content. Dans les voies secrètes de la Providence, la délicate balance qui fait osciller le monde vers la destruction nucléaire ou vers une nouvelle ère de paix, s'ajustera du bon côté et la miséricorde prévaudra. «Il exercera son autorité sur les nations et sera l'arbitre de peuples nombreux, qui de leurs épées forgeront des socs et de leurs lances des faucilles. Les nations ne lèveront plus l'épée l'une contre l'autre, et l'on ne s'exercera plus à la guerre» (Isaïe 2, 4).

La vie de Jacinthe illustre bien comment Dieu dans sa bonté, nous permet de participer au travail de sa Providence. Elle-même est complètement dans l'arrière-scène. Il n'y a aucune connection visible entre elle et les personnes qu'elle veut aider. Dieu, par le ministère de Marie ou par les anges peut-être, fait les connections. Les sacrifices de la petite fille aident quelque pécheur inconnu d'elle, à sortir du péché et à se repentir. Il agit comme d'habitude librement, mais un secours lui a été donné pour éclairer son esprit et fortifier sa volonté. Il se sert de sa liberté pour choisir le chemin qui mène à Dieu. Ce que Jacinthe a fait, c'est le travail de la réparation, pour aider la balance à osciller vers la miséricorde. La langue ne peut que bégayer en essayant d'expliquer ceci. Mais ça nous ramène au principe de base que là où certains ne font pas leur part, Dieu permet à d'autres d'intervenir et de fournir la compensation. Le sacrifice de Jésus est complet et infini en ses mérites. Mais Dieu dans sa générosité et sa bonté, veut que plusieurs participent pour amener les fruits du sacrifice de Jésus aux individus qui en ont besoin. C'est une partie du plan global que nous voyons en opération à cœur de jour, grâce auquel Dieu pourvoit à nos besoins matériels. Dieu Créateur a fait toutes choses. Il a pourvu plus qu'il ne fallait pour nos besoins. Cependant plusieurs doivent coopérer pour porter aux uns et aux autres, les bonnes choses qu'il a pourvues. Ainsi le Fils de Dieu nous a tous rachetés. Il a pourvu plus qu'il ne faut pour nos besoins spirituels. Mais il a besoin, selon son plan, de la participation de plusieurs. Celui-ci aide à porter les fruits de la Rédemption à celui-là. Vu que certains sont des lâches ou des pécheurs, d'autres consentent à prendre un double ou un triple fardeau. Jacinthe accepta d'avance de porter tous les fardeaux que Jésus et Marie lui enverraient. En un mot, elle s'offrit comme une âme victime.

Cette idée de compensation ou de faire réparation est au cœur du message de la Sainte-Vierge à Fatima. C'est le moyen secret d'obtenir la miséricorde de Dieu. Par conséquent, c'est le moyen secret de gagner la paix. Si les péchés multiples de millions de gens attirent le châtiment sur le monde, alors les sacrifices et les prières d'autres personnes dans l'arrière-scène mériteront le retour de la paix.

L'œuvre spéciale demandée des catholiques c'est de faire les cinq premiers samedis du mois en réparation pour les péchés commis contre le Cœur Immaculé de Marie. Lucie, dans une lettre du 12 juin 1930, au père Joseph Bernard Gonzalves, s.j., son directeur spirituel, décrit comment on doit faire les premiers samedis. «Durant cinq mois de suite, tous les premiers samedis, il faut se confesser et recevoir la sainte communion en état de grâce, dire le chapelet, faire une visite à la Sainte-Vierge en méditant sur les mystères du rosaire, et faire tout cela dans l'intention de réparer pour les péchés commis contre le Cœur Immaculé de Marie.» La confession dans les quinze jours qui précèdent suffit si au moment de la communion on est en état de grâce.

Lucie mentionne ensuite la grande promesse faite à ceux qui font les cinq premiers samedis. «Ceux qui s'efforcent de cette manière, de me faire réparation (c'est la Vierge qui parle), je leur promets de les assister à l'heure de leur mort avec toutes les grâces nécessaires à leur salut.» L'évêque Mgr Jean Venancio appelle ceci la plus grande promesse jamais faite dans une authentique apparition. Dans la même lettre au père Gonzalves, Lucie écrit: «La pratique de cette dévotion sera également acceptée le dimanche qui suit le premier samedi, quand pour de justes motifs, des prêtres en donneront la permission.»

Le cardinal Léon Suénens de Belgique a écrit à propos des plans de Dieu sur Marie et de la gratitude qui devrait être la nôtre quand nous les apprenons:

«La dévotion mariale véritable part non pas d'en bas, mais d'en haut; elle est commandée non par l'affectivité, mais par la foi; elle est d'abord adhésion à

Dieu et acceptation de son dessein à Lui. Elle fait partie intégrante de notre droiture d'intention à l'égard de Dieu. Car la rectitude chrétienne commence par l'adhésion volontaire au plan que Dieu a voulu, par le ralliement à Dieu qui trace, comme il Lui plaît, la trajectoire de sa grâce. Dieu a voulu associer Marie à son œuvre de salut. Par elle, Il a donné son Fils au monde. Or, les dons de Dieu sont sans repentance, et cet «ordre» ne change plus. La médiation de Marie demeure à jamais, c'est le dessein de Dieu...

Il ne nous appartient pas de prescrire les bornes de l'action divine ou de nous passer des intermédiaires qu'Il a librement choisis. C'est le propre de Dieu de nous aimer avec abondance et surabondance et de communiquer à ses créatures la gloire de ses instruments. En Dieu, il y a place pour tous les luxes et ce n'est qu'à notre niveau que l'on économise. Notre culte filial envers Marie n'est rien autre chose qu'action de grâces pour le luxe d'amour divin dont elle est le vivant et permanent témoignage. Ce serait une grave erreur de considérer la piété mariale comme un inutile surcroît, gênant notre religion envers Dieu.

Cette piété n'est pas une sorte de raffinement, une concession à l'imagination et à la sensibilité populaire, un moyen de salut au rabais. Elle est pour tous, indistinctement, l'expression de la volonté de salut de Dieu à notre égard.»

Pour les catholiques, l'invitation à gagner la paix peut trouver sa réponse dans une confrontation avec Marie et avec le Saint-Sacrement. Ceci peut définitivement avoir son départ immédiat dans la pratique des cinq premiers samedis. Pour tous les chrétiens, l'invitation à gagner la paix peut être mise en œuvre par la récitation du chapelet. Pour tous les hommes de bonne volonté, sans exception, l'invitation à gagner la paix peux être réalisée en étant attentifs comme Jacinthe et avec elle, aux trois sons de cloche qui ont dirigé sa vie.

Jacinthe nous a laissé en héritage le spectacle d'une vie courte et intense. Quelques personnes peuvent branler la tête avec tristesse devant ce fait. Cela leur semble une perte déplorable des joies d'une enfance normale. Dieu ne demande pas ça, semblent-elles dire. Dieu, en effet, ne demande pas ça avec une telle intensité de tous ses enfants. Il a appelé Jacinthe à un genre de vie très spécial et très sérieux. Il a fait cela pour le salut des âmes et pour créer des conditions favorables au retour de la paix dans le monde, grâce à sa miséricorde. Il a demandé cela à Jacinthe pour dresser devant nous un exemple à suivre.

Une réflexion de Léon Bloy peut ici nous aider à comprendre. «Personne ne semble réaliser que la sainteté est un don surnaturel qui établit une différence entre un homme et un autre, tout comme si leur nature était dissemblable. Et ceci n'arrive pas soudainement ou petit à petit. C'est quelque chose qui se passe dans la profondeur de Dieu, dans les abîmes silencieux de sa volonté. Le saint comme le génie est un homme à part, aussi isolé, aussi solitaire, aussi seul de son espèce que le serait une plante qui nous arriverait du Paradis Terrestre. Il n'y a pas de chemin qui conduise du talent au génie; la distance est si grande entre le pic le plus élevé de la vertu et le plus bas niveau de la sainteté que tous les torrents de l'univers pourraient s'engouffrer aisément dans l'immense espace qui les sépare.»

Que vous vouliez ou non souscrire entièrement à

ce tableau, il montre clairement que le prophète répond à un appel spécial. Que lui ou elle soit oui ou non canonisé, la personne choisie par Dieu pour donner un message au monde doit le faire d'une manière spéciale et unique.

Jacinthe a écrit pour nous son message en gros caractère. Elle a imprimé dans sa vie le message de Notre-Dame, un peu comme une enfant tracerait laborieusement les mots sur une feuille de papier. Mais ils sont très visibles. Ils sont tellement clairs et tellement significatifs que le message en jaillit avec plus d'éclat que ne le feraient de nombreuses pages écrites par un adulte.

La personne ordinaire, à l'encontre de Jacinthe qui a imprimé le message du Plan de Paix en gros caractère, écrira en caractère beaucoup plus petit. La prière et le sacrifice s'espaceront sur un plus grand nombre d'années. Mais si vous mettez entièrement toute la prière et le sacrifice dans un espace restreint, cela ressortira plus fort et plus vif, telle une histoire d'amour. Il en émergera un cœur moulé sur les Cœurs Sacrés et Immaculés, assez grand pour aimer beaucoup de monde, non seulement jusqu'à la mort, mais au-delà de la mort, cela veut dire qu'on s'inquiète de ce qui lui arrive dans l'au-delà. Quiconque aime de cette façon trouvera très facile de dire: «Conduisez au ciel toutes les âmes, spécialement celles qui ont le plus besoin de votre miséricorde.» Durant trente-trois mois, c'est ainsi que Jacinthe Marto disait à tous: «Je vous aime», tout en réprouvant le mal avec la hardiesse des prophètes.

Jacinthe regardait le mal en pleine face tandis qu'elle tenait la main rassurante et réconfortante de Marie. Elle symbolise pour tous la troisième cloche, la cloche du

CŒUR. Ce n'est pas tout le monde en effet qui regarde le mal à la manière de Jacinthe. Ils essaient tous de trouver quelques échappatoires, quelques compromis. Mais elle indique la vraie manière. Tous sont à même de comprendre. Il s'agit de regarder bien en face le ciel et l'enfer, tout en tenant par la main, une Mère qui nous réaffirme que Dieu est miséricorde devant le repentir et que sa joie est de nous ouvrir le Paradis. La plus jeune parmi les prophètes nous montre le chemin le plus simple, qui est cependant le chemin spirituel le plus mature.

Jacinthe disait le chapelet et amenait les autres à le dire. Elle ne fit jamais les cinq premiers samedis. Ce qu'elle fit par-dessus tout, ce fut d'être sensible aux souffrances des autres, et plus grands étaient leurs besoins, plus grande aussi sa sympathie pour leurs peines. Elle multipliait alors ses prières et ses sacrifices pour eux. Jamais elle n'oublia le soldat qu'elle avait vu pleurer. Elle ajouta toujours un Ave de plus à son chapelet pour lui. Il n'était ni un parent, ni un ami spécial. Elle avait seulement senti sa peine et vu ses pleurs. Elle sentit aussi la peine du Saint-Père. Il eut droit à trois Ave Maria, après chaque chapelet. Mais quand elle formulait ses intentions, les pécheurs avaient la première place. Le Saint-Père était ordinairement nommé immédiatement après les pécheurs. Sa préoccupation de l'enfer découlait de cette même sympathie pour la peine des autres. Ses interminables questions sur la sorte de péchés qui méritaient l'enfer aux pécheurs, son désir que Marie montre l'enfer à tout le monde, son exactitude à offrir ses sacrifices avec une intention droite, tout cela avait comme base sa sympathie pour les peines des autres et une espérance inextinguible pour leur bonheur.

Jacinthe est donc celle que la plupart des personnes peuvent suivre. Si elle est canonisée, nombreuses sont les personnes qui auront plus envie de la poser sur leurs genoux que sur le piédestal. Elle fait appel aux jeunes, aux doux, aux gênés, aux malchanceux, à ceux qui ne savent ni lire ni écrire. Elle a quelque chose de commun avec eux. Elle appelle quiconque peut ressentir la peine d'un autre; elle appelle les généreux, les reconnaissants.

Jacinthe appelle aussi ceux qui souffrent d'une longue maladie, ou de quelque affliction ou problème profond et prolongé. Tous peuvent convertir leurs souffrances en une aide pour conduire les gens au ciel ou leur faire éviter l'enfer. Leur situation constitue un appel à une vocation toute spéciale, celle de s'unir à Jésus dans ses souffrances rédemptrices.

Par-dessus tout, elle appelle tous ceux qu'elle s'est efforcée d'aider le plus durant sa courte vie, spécialement ceux qui ont le plus besoin de la miséricorde de Dieu. Nous pouvons imaginer Jacinthe au ciel, regardant curieusement par-dessus la clôture, essayant d'attirer l'attention de quelqu'un sur le point de tomber en enfer. Elle les appelle, et elle le fait comme Marie l'a fait pour elle-même: «Ne l'oublie pas, beaucoup d'âmes se perdent parce qu'il n'y a personne qui prie et fasse des sacrifices pour elles.» Pour tout dire, elle vous appelle parce qu'elle veut aider quelqu'un à éviter la peine de la séparation de Dieu pour l'éternité. Elle vous demande de vous défaire de quelque frivolité ou d'une nécessité mineure, mais surtout elle vous demande le sacrifice de la réforme de votre vie, là surtout où existe le besoin évident d'une conformité plus grande à la volonté de Dieu.

Au commencement de son premier Mémoire, Lucie écrivait une prière rythmée sur Jacinthe. Elle fournit la note juste sur laquelle prennent fin en point d'orgue nos considérations sur la plus jeune parmi les prophètes de Dieu.

Toi qui sur terre ne cessais de planer,
charmante Jacinthe,
en souffrant avec joie pour Jésus ton amour,
souviens-toi de la demande que je te fis un jour,
sois bonne pour moi.
Devant le trône de la Vierge Marie,
lis de beauté, perle éclatante,
dans le ciel, tout près d'elle,
tu vis triomphante.
Joli Séraphin d'amour
avec ton frère, aux pieds de Jésus,
prie pour moi tous les jours.

Appendice A

UN INTERROGATOIRE MENÉ PAR
LE CHANOINE MANUEL NUNES FORMIGAO
(1917)

Le chanoine Formigao fut nommé par l'Administrateur du Patriarchat de Lisbonne dès le début des
rumeurs d'apparitions, pour faire enquête sur la situation. Il était présent aux apparitions de septembre et
d'octobre. Sa première entrevue avec les enfants eut
lieu le 27 septembre 1917. Il les a interrogés le jour du
grand miracle, le 13 octobre, et ensuite il revint le 19,
afin de clarifier, dans une nouvelle entrevue, une
contradiction à propos de la fin de la guerre mondiale
qui faisait encore rage à ce moment-là. Avant la vision
d'octobre, il avait également mené une interview
préliminaire le 11 octobre.

Le chanoine Formigao signe ses livres et ses articles
du nom de plume, *Vicomte de Montelo.* Son entrevue
de septembre eut lieu dans la maison de Lucie, de
même que celle du 11 octobre. Le 13 octobre, il accom-
pagna Jacinthe chez elle et lui posa quelques questions.
Le chanoine Formigao y retourna encore une autre
fois le 2 novembre 1917.

Dans l'interrogatoire du 13 octobre, il demande à Jacinthe:

«À part la Sainte-Vierge, qui as-tu vu aujourd'hui à la Cova da Iria?»

«J'ai vu saint Joseph et l'Enfant Jésus.»

«Où les as-tu vus?»

«Je les ai vus près du soleil.»

«As-tu également vu près du soleil, Notre-Seigneur, la Mère des Douleurs et la Vierge du Mont Carmel?»

«Non.»

«Mais tu m'as dit le 11 qu'ils allaient apparaître.»

«Oui, Lucie a vu l'autre Vierge, mais moi, je ne l'ai pas vue.»

«Est-ce que l'Enfant Jésus était à droite ou à gauche de saint Joseph?»

«À la droite.»

«Debout ou dans les bras de saint Joseph?»

«Debout.»

«As-tu vu le bras droit de saint Joseph?»

«Non.»

«Quelle était la grandeur de l'Enfant Jésus?»

«Il n'arrivait pas à la ceinture de saint Joseph.»

Définitivement, Jacinthe et François n'ont pas vu les trois apparitions finales que Lucie a vues près du soleil. Ils ont vu saint Joseph et Jésus debout, à sa droite, comme un petit enfant d'un ou deux ans.

Lucie a vu Jésus tenu par saint Joseph. Elle seule a vu les trois derniers personnages successifs: Notre-Seigneur, Notre-Dame des Douleurs et Notre-Dame du Mont Carmel. Même Notre-Dame du Mont Carmel est décrite un peu en grisaille. Il semble que ces trois dernières visions étaient réservées à Lucie en raison de sa vocation chez les Sœurs de Sainte-Dorothée et les Carmélites.

INTERVIEW AVEC
LE PÈRE THOMAS McGLYNN, O.P. (1947)

Le père Thomas McGlynn, o.p., dans une de ses interviews avec Lucie en février 1947, la questionna sur le rosaire.

«J'aimerais que tu montres l'importance du rosaire dans le message de Notre-Dame.»

«Mon impression c'est que le rosaire est d'une très grande valeur, non seulement à cause des paroles de Notre-Dame à Fatima, mais à cause des effets du rosaire qu'on découvre à travers et tout au long de l'histoire. Je suis persuadée que Notre-Dame a voulu donner aux personnes ordinaires qui ignorent comment prier, cette méthode simple et efficace d'acquérir l'intimité avec Dieu.»

«Notre-Dame a-t-elle demandé le chapelet en famille?»

«Pas expressément.»

«Est-ce qu'elle exige que chaque catholique récite le chapelet tous les jours?»

Lucie répondit d'abord à la restriction du chapelet aux seuls catholiques. «Elle n'a spécifié personne, mais elle s'adresse à tout le monde en général.»

Le mot dont Marie s'est servie pour désigner chapelet fut «Terco». Ce mot est propre aux portugais pour signifier le chapelet de cinq dizaines. Mais le 13 octobre, Marie s'est nommée en disant: «Je suis Notre-Dame du Rosaire.» Et le mot qu'elle employa cette fois était ROSARIO.

Le père McGlynn, dans cette interview, s'enquit ensuite de la dévotion à Notre-Dame du Mont Carmel.

«Est-ce que la dévotion à Notre-Dame du Mont Carmel fut recommandée?»

«Dans la quatrième apparition à Valinhos elle dit que Notre-Dame du Mont Carmel, Notre-Dame des Douleurs, saint Joseph et l'Enfant Jésus viendraient bénir le monde.»

«Notre-Dame a-t-elle dit quelque chose au sujet du scapulaire?»

«Non.»

«Est-ce que la dévotion à Notre-Dame des Douleurs fut recommandée?»

«Non.»

Le père McGlynn demanda le récit de la série des apparitions d'octobre. Lucie répondit que la Dame apparut d'abord comme à l'ordinaire, puis à un certain moment, elle a tourné sa main vers le soleil. Ensuite le peuple entendit Lucie s'écrier: «Regardez le soleil.» Elle-même ne se souvient pas de s'être exprimée ainsi. Lucie à ce moment vit près du soleil, la série des apparitions. «Alors apparurent à côté de la Vierge, d'abord saint Joseph et l'Enfant Jésus; ensuite Notre-Seigneur, et puis il y eut des changements de lumière durant lesquels Notre-Dame prit différents aspects — comme Notre-Dame des Douleurs et Notre-Dame du Mont Carmel. Tandis que ceci se produisait, les gens criaient qu'ils voyaient le phénomène du soleil. Moi-même je ne l'ai pas vu.» Lucie ne s'aperçut pas non plus des autres choses que les gens voyaient, les couleurs dans le ciel et la pluie de roses. Elle offrit en plus cette information: «Quand l'évêque fit sa première visite à Fatima, il vit une pluie comme des pétales de roses; alors il crut.»

Le père McGlynn s'enquit au sujet de Jacinthe.

«On raconte que Jacinthe aurait dit que parmi ceux qui sont morts à la guerre, la plupart d'entre eux seraient damnés. Est-ce que Notre-Dame a dit cela?»

«Je ne me rappelle pas que Jacinthe ait jamais dit cela. Notre-Dame n'a jamais dit que ceux qui mouraient à la guerre allaient en enfer.» Lucie offrit ensuite une explication à cette citation erronée. «Je ne sais si c'est par suite d'une révélation ou d'une intuition, mais Jacinthe a eu des visions de gens morts dans les rues par suite de la guerre. Et Jacinthe devant cette horreur a dit: 'Se peut-il que la plupart d'entre eux aillent en enfer?' Ceci était une réflexion personnelle de Jacinthe.»

«Notre-Dame a-t-elle dit qu'une certaine Amélie resterait au purgatoire jusqu'à la fin du monde?»

«C'est vrai.»

«Quel âge avait Amélie?»

«Dix-huit ans.»

Quand le père McGlynn lui dit que cela troublait les gens, Lucie lui répliqua qu'elle ne trouvait pas cela étonnant, puisqu'une personne peut aller en enfer pour l'éternité parce qu'elle a manqué la messe le dimanche par sa faute.

Les interviews ci-dessus, faites en 1917 et 1947, sont présentées comme des échantillons d'enquêtes faites avec soin. Elles aussi sont sujettes à un examen judicieux. Mais elles nous enseignent qu'il nous faut être prudents et exacts dans notre manière d'affirmer les choses. Trop souvent tout est ramassé dans une formule englobante: «Notre-Dame a dit à Fatima.» Dans tout reportage d'expérience mystique, c'est en fin de compte le voyant qui nous parle. L'expérience du voyant doit être rapportée avec exactitude et séparée soigneusement de toute expérience ultérieure, de tout commentaire personnel ou opinion.

À Fatima, les trois voyants ont eu des expériences mystiques individuelles et plus tard, ils furent favorisés de grâces personnelles. Ceci indique encore une fois combien il est nécessaire de ne pas insérer pêle-mêle dans une expression globale n'importe quoi, sous l'expression: «Notre-Dame a dit à Fatima.» Par exemple, saint Joseph a une part déterminée dans le Plan de Paix. Mais ce n'est pas Notre-Dame de Fatima qui a dit: «Le chant de la victoire sera entendu quand les fidèles reconnaîtront la sainteté de saint Joseph.» Ceci est une prédiction d'Isidore d'Isolanis, théologien dominicain du XVIe siècle.

Appendice B

DAVANTAGE SUR
LES SECRETS DE FATIMA*

Dans l'esprit des enfants, le cœur de la seconde par-tie du *secret* n'était pas dans la prophétie d'événements d'un futur aléatoire. Il consistait dans la dévotion au Cœur Immaculé. Il devait exister une relation directe entre l'expansion de cette dévotion et la réalisation ou non de ces événements. En bref, Dieu veut établir la dévotion au Cœur Immaculé de sa Mère. Si la réponse des gens est suffisante, beaucoup d'âmes seront pré-servées de l'enfer, il y aura la paix et une grande guerre sera évitée.

À la lumière des événements, nous pouvons con-clure que trop peu de personnes ont répondu, de telle sorte que la seconde grande guerre a eu lieu. Si un nombre suffisant avait répondu, le cours de l'histoire aurait été changé. La «lumière inconnue» mentionnée comme signe précurseur fut largement observée au temps de sa venue. Elle fut observée durant la nuit du 25-26 janvier 1938. Les astronomes appelèrent ce phé-

* Pour la description de la vision de juillet à Fatima, voir pp. 41-56.

nomène une aurore boréale. Mais Lucie, dans le troisième Mémoire, tend à différer d'opinion avec eux. «Je ne suis pas absolument certaine, mais il me paraît que s'ils cherchaient davantage, ils verraient que ce n'était pas et ne pouvait pas être, de la manière dont le phénomène s'est produit, une aurore boréale.»

Tel que promis en 1917, la Très Sainte-Vierge est revenue vers Lucie, avec l'Enfant Jésus en 1925, quand elle était postulante chez les Sœurs de Sainte-Dorothée à Pontevedra, Espagne, pour demander la diffusion de la dévotion des premiers Samedis du mois, en réparation à son Cœur Immaculé. L'Enfant Jésus répéta cette demande deux mois plus tard. En 1929, dans une expérience mystique majeure, à Tuy, Espagne, Notre-Dame dit à Lucie que le moment était venu de demander que la consécration de la Russie à son Cœur Immaculé soit faite. Lucie communiqua ces requêtes à ses confesseurs. Elle écrivit aussi à l'évêque de Leiria et au Saint-Père, plusieurs fois, surtout lorsque les grondements annonciateurs de la seconde guerre mondiale devinrent de plus en plus forts. Sa requête adressée au Pape demandait la consécration de la Russie au Cœur Immaculé. Elle espérait une protection de dernière minute contre la deuxième guerre mondiale et l'expansion du communisme. Les évêques portugais, eux consacrèrent le Portugal au Cœur Immaculé, et Lucie, dans sa lettre du 2 décembre 1940, au Souverain Pontife, exprimait son espoir que le Portugal serait épargné de la guerre. L'histoire atteste que malgré d'énorme pression de la part de l'Allemagne et des États-Unis, le Portugal demeura neutre.

Pie XII consacra l'Église et le monde au Cœur Immaculé, avec une mention descriptive de la Russie, le 31 octobre 1942. Le 7 juillet 1952, il écrivit une lettre consacrant la Russie au Cœur Immaculé d'une manière plus spécifique. Le pape Paul VI, réaffirma la consécration au second Concile du Vatican en 1964, et en 1967, dans son pèlerinage à Fatima, pour le jubilé d'or des apparitions majeures. Il proclama qu'il était venu en pèlerin pour la paix dans l'univers et pour l'unité de l'Église.

Quelques auteurs s'objectent aux derniers rapports de Lucie sur les apparitions, et disent qu'on ne doit pas l'accepter comme un pipeline entre le ciel et la terre. Nous ne le pouvons certes pas, c'est vrai. Mais Marie, en 1917, telle que la chose fut annoncée alors par les enfants, voulait que Lucie continue à vivre. Jacinthe et François, tel qu'aussi attesté au même moment, devaient mourir bientôt. Implicitement dans la vie intérieure et observable des enfants, la conclusion évidente s'impose que Lucie a encore un travail spécial à accomplir. Elle n'est pas un pipeline, mais elle est une mystique. En vue du reste de l'histoire de Fatima, ce qu'elle dit mérite très bien d'être reçu avec respect, et d'être soumis aux critères de jugement appliqués à ceux que Dieu nous envoie comme ses prophètes.

La troisième partie du *Secret* n'a jamais été publiée. Il a été l'objet de nombreuses controverses, d'interrogations et d'aigreurs. Le 11 février 1967, le Cardinal Ottaviani a rendu publique une déclaration sur le *Secret* durant la célébration du Jubilé à Rome.

«Lucie a écrit en portugais, sur une feuille de papier ce que la Sainte Vierge lui a demandé de dire au Saint-Père. L'enveloppe contenant le *Secret* de Fatima fut confiée à l'évêque de Leiria, et bien que Lucie lui eût dit qu'il pouvait le lire, il s'en est abstenu. Il voulut respecter le secret, peut-être en signe de considération pour le Saint-Père... Toujours cacheté, le secret fut donné au pape Jean XXIII. Le pape ouvrit l'enveloppe et en lut le contenu. Bien que le texte fût écrit en portugais, il me dit qu'il l'avait complètement compris. Ensuite il l'a, lui-même, mis dans une autre enveloppe, il l'a scellée et il l'a placée dans une de ces archives qui ressemble à un puits profond, et très, très noir, au fond duquel personne ne peut absolument voir quoi que ce soit... Le secret, c'est l'affaire du Saint-Père à qui il est adressé. C'est lui qui en est le destinataire. Et si le destinataire du secret a décidé de ne pas déclarer: 'Voici le moment de le faire connaître au monde', nous devons nous fier à sa sagesse qui désire le garder secret...»

Nous pouvons nous rappeler les paroles de Ti Marto quand Jacinthe employa la première fois le terme «secret». «Un secret est un secret, alors il doit être gardé.» Fatima ne se résume pas d'abord et avant tout à des catastrophes possibles. Le vrai message et le secret de Fatima a trait à la volonté de Dieu qui veut voir s'établir la dévotion au Cœur Immaculé de Marie et comment l'accomplissement ou non de cette volonté peut signifier un avenir de guerre ou une ère de paix. Dieu a confié la paix au Cœur Immaculé de Marie. Si nous comprenons ceci, nous tenons une clé importante pour l'avenir du monde. L'importance de Jacinthe vient de ce qu'elle est une petite prophétesse, choisie par Dieu, pour nous dire et nous démontrer la première et la deuxième partie du secret de Fatima. La première partie c'est l'enfer. La deuxième partie c'est le Cœur Immaculé. Si la troisième partie du *Secret* de Fatima traite d'un avenir possible de guerre et de catastrophes, cet avenir peut très bien dépendre du nombre de gens qui écouteront et de la sorte d'accueil qu'ils donneront à la plus jeune parmi tous les prophètes.

Appendice C

ROLE DE SAINT JOSEPH
DANS LE PLAN DE PAIX*

Un cas historique peut être construit pour illustrer l'importance de saint Joseph à partir des familles des enfants de Fatima. Lucie en a eu la part la plus pénible parce que sa mère, toute bonne qu'elle fût voulut dominer les événements, cherchant constamment à contraindre sa fille à avouer qu'elle mentait. Son père, homme bon également, mais pas assez énergique, s'évada dans une attitude de non-ingérence, en laissant à Maria Rosa le chemin libre et en concluant: «Tout ça, c'est des histoires de ma grand-mère.»

Dans le IVe Mémoire, Lucie raconte que son oncle en apprenant que les enfants et lui-même étaient sommés d'aller à Ourem, s'écria immédiatement: «Ils ne peuvent marcher cette distance, et n'étant pas accoutumés d'aller à cheval, ils ne seront pas capables de rester à dos d'âne. De plus, je ne vois aucune raison d'amener deux enfants de cet âge devant un tribunal.» Le verdict dans le cas de Lucie fut: «Qu'elle réponde. Je n'entends rien à ces choses et si elle ment qu'elle

---

* Pour le récit de l'apparition de saint Joseph, voir pp. 67-84.

soit punie.» Lucie tomba du dos de l'âne trois fois, dans le parcours des dix-huit milles, aller-retour à Ourem.

La Cova appartenait à sa famille. Mais à cause de l'affluence des foules, il leur fut impossible de planter quoi que ce soit. Le jardin, le gazon tout fut écrasé. La mère de Lucie en pleura; ses sœurs lui dirent: «Tu devrais manger seulement ce qui vient de la Cova da Iria.» Souvent sa mère l'a frappée. Si nous analysons la situation, nous sommes ramenés au manque d'autorité de la part d'Antonio. Maria Rosa était une très bonne et dévouée maman qui aimait son enfant. Souvent, elle essayait après coup de faire réparation par la peur de rendre Lucie malade, et parce qu'elle l'aimait vraiment. Elle-même était maladive. Sans doute, elle aurait été une personne d'un abord difficile en toute circonstance. Antonio, lui, manquait tout simplement de «leadership». Il ne savait pas remplir son rôle de père en tant que chef de famille.

Lucie, dans une interview avec Martin et April Armstrong en 1953, explique: «Il était un bon père. Il travaillait du matin au soir et il donnait à sa famille tout l'argent dont nous avions besoin... Il travaillait sur sa propriété et aidait aussi les autres. Il n'était pas un ivrogne... Mon père mourut soudainement mais ses affaires étaient en bon ordre.» Elle ajoutait que, comme tant d'autres hommes, il arrêtait à la taverne le dimanche après la messe pour jaser avec des amis et prendre une bière. Mais tout bien considéré, il était dur au travail, un homme responsable et un père aimant. Il était en somme ce que sont la plupart des hommes; mais les épreuves du moment le trouvèrent désarmé. Manuel (Ti) Marto réfléchissait le caractère et la force de saint Joseph.

Martin et April Armstrong le décrivent tel qu'ils

l'ont vu en 1953. (Si Jacinthe avait vécu jusqu'à cette date, elle aurait eu 43 ans.) «Un petit homme, grisonnant, souriant, vint à la barrière en bois, à notre rencontre. Il porte une tuque noire, on dirait un bas, la *Carapuca* dont se servent tous ces montagnards comme couvre-chef et aussi comme fourre-tout pour le tabac et le lunch. Son habit est incroyablement couvert de pièces. Autrefois d'un bleu strié de noir, il a été rapiécé en serge bleue, noire et grise. Un dessinateur de mode aurait rejeté cet ensemble comme insupportable. Mais rien ne pouvait plus parfaitement traduire sa pauvreté tout simplement acceptée et la dignité souriante de sa vie.» Il avait 82 ans, à ce moment-là et toujours fidèle au travail quotidien. Sa femme Olympia en avait 84.

Ti Marto n'avait pas de dévotion spéciale à saint Joseph, du moins elle ne paraît pas dans la réflexion qu'il fit aux Armstrong. Ceux-ci demandèrent: «Après la Sainte-Vierge, quel est votre saint préféré?» Il répondit: «Je n'en ai pas. Je prie Dieu, Notre-Dame et Jésus-Christ. Les autres sont tous pareils, vous savez. Ma prière favorite c'est le Notre Père. C'est *'Notre'* Père, non mon père. Alors quand je la récite, je la récite pour tout le monde.» La vie de Ti Marto à travers ses paroles et ses actes illustre vraiment les idéaux et les principes qu'on attendrait d'un homme modelé sur saint Joseph.

Il avait une immense confiance dans la divine Providence, une caractéristique de saint Joseph. Tout au long des événements de Fatima, à mesure que les crises se succédaient, il trouvait une solution qui témoignait de sa confiance en Dieu. Il n'essaya jamais de connaître le secret. Sa foi dans le Seigneur lui permit d'avoir foi en ses enfants, et de respecter les agissements de Dieu. Il ne fut pas sur-protecteur. Il aurait pu donner des ordres sévères à ses enfants pour leur interdire d'aller à la Cova afin de les protéger contre des avanies possibles. S'il avait été un père égocentrique, l'Administrateur n'aurait pas pu partir avec les enfants, parce qu'ils auraient eu peur de monter dans la voiture. Ils se sentaient libres de toute pression. Ils purent suivre leurs propres idées, même s'ils ont fait une erreur. Le père égocentrique, le père dominateur ne supporte aucune erreur. Il ne s'opposa pas à ce que François et Jacinthe soient questionnés. Sa maison était bondée de visiteurs curieux qui grimpaient jusque sur les lits. Son attitude de liberté, il la permettait aux autres. «Quand la maison est pleine, disait-il à Olympia désemparée, personne d'autre ne peut entrer.»

La confiance de Ti Marto dans la Providence et son indulgence ressortirent avec éclat dans le drame du 13 août. Elles concoururent à apaiser la populace. Le père de deux enfants kidnappés avait toutes les raisons d'être en colère. Un homme plus faible aurait craqué, il aurait échappé quelques plaintes ou cherché quelques témoignages de sympathie. Une manifestation sanglante aurait éclaboussé d'une grande tache les apparitions de Fatima. Sans doute, le démon travaillait fort pour faire rater dans l'œuf le Plan de Paix de la Sainte-Vierge. Ti Marto montra, à la manière de Joseph, une qualité de confiance en la Providence et d'indulgence envers le prochain qui en fit un homme de paix, et aida Notre-Dame à poursuivre son travail.

Les journées du 13 au 15 août représentent en miniature ce qui se passe entre les nations. Le père de François et de Jacinthe indique le chemin qui mène à la paix: modération, confiance en la Providence, le pardon des injures, demeurer le gardien de son frère, faire du bien à ceux qui vous font du tort. S'asseoir et prendre un verre avec l'homme qui a kidnappé tes enfants pour le protéger contre la violence de ceux qui s'approchent de lui avec des gourdins, est la marque d'un homme selon le Cœur de saint Joseph. Cela illustre les paroles du Christ: «Aimez vos ennemis. Faites du bien à ceux qui vous font du mal» (Lc 2, 7). À la question: «De quelle façon aurons-nous la paix?» Il répondit: «Si les gens disent le chapelet, il y aura la paix. S'ils n'écoutent pas la parole de Notre-Dame, il y aura une autre guerre. La paix est facile à trouver. Il nous faut nous unir contre le mal. Qu'est-il besoin d'autre chose?»

Une qualité de saint Joseph qu'il est le plus facile de reconnaître en lui, c'est le sentiment continu et plein d'amour qu'il manifesta toujours envers son épouse Olympia. À l'arrière-plan de ceci, se dresse également leur solidaire conformité aux divins vouloirs de la Providence. «Mon Olympia et moi, nous sommes mariés depuis 55 ans, et nous sommes toujours les amoureux du début. Les gens plaisantent à notre propos, sur notre comportement. Quelqu'un me dira: «Tiens, Ti Marto, voilà une douceur», et je réponds: «Bon, je vais la donner à ma fiancée. Elle m'appelle encore son prince charmant. Ah! Ah! Un de ces jours, je le dis souvent en riant, nous allons faire les noces et nous établir. Mais en attendant, nous nous faisons toujours la cour…»

Cet amour intense des parents l'un pour l'autre nous aide à mieux comprendre l'âme de Jacinthe. En prison, elle mentionna sa mère quand en pleurant, elle évoqua le souvenir de sa famille qu'elle pensait ne plus revoir jamais. Ses parents ne furent jamais divisés. Leur amour lui revint comme un support pour sa nature si sensible. Tout comme la Petite Fleur de Lisieux,

Jacinthe avait un père qui était à la fois fort et doux, dont l'amour pour sa mère lui apportait sécurité et paix. Elle pouvait grandir dans l'amour de Dieu et des hommes. Elle pouvait accepter Dieu comme un père aimant, même si sa justice réclamait un enfer. Le rôle de saint Joseph, par rapport au développement humain de l'Enfant Jésus, était le même. L'abandon de Joseph à la Providence, son ouverture à la liberté pour permettre à Jésus de grandir (même si celui-ci en profita pour disparaître durant trois jours) son amour constant pour Marie — tout cela procura à l'Enfant Jésus le modèle que lui aussi en tant qu'homme, avait besoin de connaître pour se faire une idée de la justice et de la miséricorde de Dieu, le Père.

Joseph est un homme de paix, soumis aux lois de son église et de son gouvernement, il fuit cependant vers un pays étranger pour sauver la vie de l'Enfant. Il est un modèle de respect envers l'autorité, mais il ne permit pas à une autorité injuste d'avoir le dessus. Il use de modération dans la justice. Il manifeste ceci dans sa décision douloureuse de quitter Marie sans bruit devant son inexplicable grossesse. Joseph fut fort et doux. Bien que le moindre en dignité dans la Sainte Famille, il agissait en tant qu'époux et père, il y apporta la force et le support qui émanent de l'unité que procure un chef.

Le père se doit de tenir sa place, non comme un tyran, mais comme un homme plein d'amour. Comme Joseph trouva la mesure de son amour dans le Cœur aimant de Marie, ainsi les époux ont besoin d'épouses qui ont un cœur qui aime comme celui de Marie. L'amour de Marie et de Joseph l'un pour l'autre restera toujours le modèle à imiter. Quand les hommes commenceront à se modeler sur saint Joseph, le jour de la Paix se lèvera sur les nations. Quand tous commenceront d'ajuster leur cœur au Cœur Immaculé, le Plan de Paix de Dieu sera réalisé.

Appendice D

LA ROSE D'OR

À 11:00 a.m., le 13 mai 1967, le légat apostolique, le Cardinal Cento, présenta la Rose d'Or à l'évêque de Fatima, Joao Venancio. La cérémonie se déroula devant la basilique du Sanctuaire de Fatima sous les yeux de 800 000 pèlerins. Sur la monture de la Rose d'Or, ces mots étaient burinés: «Paul VI implorant la protection de la Mère de Dieu sur l'Église a dédié cette Rose d'Or au Sanctuaire de Fatima, le 13 mai 1967.»

La Rose d'Or est un signe papal de reconnaissance et d'honneur tout spécial. Elle est bénite en carême, le dimanche de Laetare, appelé quelquefois le Dimanche Rose. Cette coutume remonte pour le moins au temps du pape Léon IX, qui en 1050, s'y réfère comme à une ancienne coutume. La Rose d'Or a été donnée à des églises, à des pays et cités, et aussi à des chefs d'état et autres individus qui ont montré un amour spécial pour la foi.

Quand la Rose d'Or fut donnée à Fatima, l'évêque Venancio vit dans ce geste une manière d'attirer l'attention sur la consécration du monde au Cœur Immaculé, et de confier la race humaine tout entière à notre Mère du ciel.

À la surprise des évêques du Portugal et de tous, le pape Paul VI, adressa la parole à l'assistance après le discours du légat, le Cardinal Cento, il dit: «En ce moment, nous désirons nous aussi être en union étroite avec vous, chers enfants, pour offrir nos prières à la Mère de Dieu et notre Mère, afin qu'elle tourne son regard maternel sur le monde encore si éloigné de son divin Fils, et qu'elle obtienne une réconciliation sincère et complète de tous les hommes avec le Seigneur Dieu. »

La remise de la Rose d'Or au Sanctuaire de Fatima rappelle l'action dramatique qui se produisit au moment où Paul VI, le 21 novembre 1964, annonça qu'il enverrait cette Rose à Fatima et où, en même temps, il proclama Marie, Mère de l'Église. L'action était dramatique en ce sens qu'elle était posée à la fin de la troisième session du Concile, durant une séance publique transmise en Eurovision, au cours de laquelle le Saint Père concélébra la messe avec vingt-quatre Pères du Concile ayant des sanctuaires mariaux dans leur diocèse. Après un moment de silence stupéfait, les évêques se levèrent, enlevèrent leurs mitres et applaudirent. Il serait bien difficile de trouver une mise en scène plus frappante pour accentuer l'approbation du Plan de Paix de Fatima.

Appendice E

LE PAPE JEAN-PAUL II REMERCIE NOTRE-DAME DE FATIMA

Le 13 mai 1982, le pape Jean-Paul II est allé à Fatima pour remercier notre Sainte Mère d'avoir protégé sa vie l'année précédente. Il se rendit à l'endroit où les visions eurent lieu en 1917, maintenant couvert par la Capelinha, une petite chapelle qui ressemble un peu à un abri pour pique-niquer. Il pria en silence tandis qu'une immense foule d'au-moins un million de personnes attendaient. Plus tard, il leur dit qu'il était venu comme un pèlerin parmi d'autres pèlerins pour rendre grâce. Dans sa première audience, après son recouvrement, il rappela qu'il avait été blessé à l'heure et au jour anniversaire de la première apparition de Marie, le 13 mai 1917. Jean-Paul II a aussi parlé à Sœur Lucie et s'est fait photographier avec elle. Il se rendit aux tombeaux de François et de Jacinthe dans l'église et pria aux deux endroits, d'abord à celui de François ensuite traversant le vestibule de l'église, il pria près de celui de Jacinthe.

Dans un langage précis, il rappela que Pie XII avait consacré le monde au Cœur Immaculé de Marie, et il assura qu'il était venu pour faire de même:

161

«Aujourd'hui, Jean-Paul II, successeur de Pierre, continuateur du travail de Pie, de Jean et de Paul, et héritier particulier du second Concile du Vatican, se présente devant la Mère du Fils de Dieu dans son Sanctuaire de Fatima. De quelle façon se présente-t-il? Il se présente de nouveau en lisant avec crainte votre appel maternel à la pénitence et à la conversion... Le successeur de Pierre se présente ici encore comme un témoin de l'immense souffrance humaine... Le successeur de Pierre se présente avec une plus grande foi dans la rédemption du monde. Mon cœur est oppressé quand je vois les péchés du monde et l'ensemble des avertissements qui s'agglomèrent comme des nuages noirs au-dessus de l'humanité, mais cependant je me réjouis également dans l'espérance tandis qu'une fois encore j'accomplis ce qui a déjà été fait par mes prédécesseurs, à savoir: Je confie le monde au Cœur de la Mère. Je confie spécialement à ce Cœur ces peuples qui en ont un besoin tout particulier.»

Appendice F

LETTRE DU PAPE JEAN-PAUL II AUX ÉVÊQUES, LEUR DEMANDANT DE FAIRE AVEC LUI L'ACTE DE CONSÉCRATION DU MONDE À LA SAINTE-VIERGE

Dans une lettre datée du 8 décembre 1983, fête de l'Immaculée Conception, le pape Jean-Paul II écrivit aux évêques de l'univers pour leur demander de faire avec lui, l'acte de Consécration du monde au Cœur Immaculé de Marie. Il suggéra qu'une date convenable serait la fête de l'Annonciation 1984, anticipée (à cause du troisième dimanche de l'Avent) au 24 mars, ou le dimanche 25 mars. Avec la lettre, il inclut un acte de Consécration.

La lettre et l'acte suivent.

LETTRE AUX ÉVÊQUES

Le 25 mars 1983, nous avons commencé le Jubilé de la Rédemption. Je vous remercie encore une fois de vous être unis à moi, pour l'inauguration en ce même jour de l'Année de la Rédemption dans vos diocèses. La solennité de l'Annonciation, qui dans le cours

163

de l'année liturgique rappelle le commencement du travail de la Rédemption, semble être un temps tout particulièrement approprié pour cette inauguration.

Ce début est lié à l'Avent et toute cette présente Année de la Rédemption a dans un certain sens le caractère d'un Avent, en ce que l'an 2000, depuis la naissance du Christ est tout proche. Nous vivons ce temps dans l'attente de la consommation du second millénaire de l'ère chrétienne, partageant les expériences difficiles et pénibles des peuples, en vérité de l'humanité entière dans notre monde contemporain.

De ces expériences est né un besoin particulier dans un certain sens, un impératif intérieur, de nous tourner avec une intensité de foi renouvelée précisément vers la Rédemption du Christ, vers son inexhaustible pouvoir salvifique. «Dans le Christ, Dieu se réconciliait le monde... et nous confiait le message de la réconciliation» (2 Cor 5, 19). Le Synode des Évêques, tenu en octobre dernier, attira notre attention dans la même direction.

Aujourd'hui, solennité de l'Immaculée Conception, l'Église médite sur le pouvoir salvifique de la Rédemption du Christ dans la conception de la femme destinée à devenir la Mère du Rédempteur. Dans ce fait, nous trouvons un nouveau stimulant afin que dans le contexte du Jubilé, en face des menaces qui se dressent contre l'humanité contemporaine qui ont leurs racines dans le péché, nous fassions un appel plus intense au pouvoir de la Rédemption. Si le chemin pour vaincre le péché passe par la conversion, alors le commencement de cette voie ainsi que ces stages successifs ne peuvent être autre chose que la profession de l'infini pouvoir Sauveur de la Rédemption.

Mes chers frères

Dans le contexte de l'Année Sainte de la Rédemption, je désire proclamer ce pouvoir ensemble avec vous par le Cœur Immaculé de la Mère de Dieu, qui dans un degré tout à fait singulier, a expérimenté ce pouvoir salvifique. Les mots de l'acte de Consécration et d'abandon que j'inclus ici correspondent, avec quelques petits changements, à ceux que j'ai prononcés à Fatima le 13 mai 1982. Je suis profondément convaincu que la répétition de cet acte au cours de l'Année Jubilaire de la Rédemption correspond à l'attente de nombreux cœurs humains qui désirent renouveler à la Vierge Marie, le témoignage de leur dévotion, et lui abandonner leurs peines par suite des différents malheurs des temps présents, leurs peurs en face des menaces que leur réserve l'avenir, leurs préoccupations pour la paix et la justice dans chaque nation et dans le monde entier.

La date la plus convenable pour ce commun témoignage semble être la solennité de l'Annonciation du Seigneur, au cours du carême de 1984. Je vous serais reconnaissant si ce jour-là (le 24 mars, jour où la solennité mariale est anticipée, ou le 25 mars, le troisième dimanche du carême) vous renouveliez cet acte ensemble avec moi, choisissant la manière que chacun de vous considérera la plus appropriée.

ACTE DE CONSÉCRATION

1. «Nous avons recours à votre protection, Sainte Mère de Dieu, ne méprisez pas nos prières dans nos besoins.»

En prononçant les paroles de cette Antienne avec lesquelles l'Église du Christ vous a prié durant des siècles, nous nous trouvons aujourd'hui devant vous, Mère, dans l'Année Jubilaire de la Rédemption.

Nous nous trouvons unis avec tous les pasteurs de l'Église par un lien particulier, grâce auquel nous formons un corps et un collège, tout comme selon le désir du Christ, les apôtres constituèrent un corps et un collège avec Pierre.

Par le lien de cette union, nous prononçons les mots du présent acte dans lequel nous désirons inclure encore une fois, les espoirs de l'Église et les angoisses du monde moderne.

Quarante ans passés, et encore dix ans plus tard, votre serviteur le pape Pie XII, ayant devant ses yeux les expériences douloureuses de la famille humaine vous confia et consacra à votre Cœur Immaculé l'univers entier, spécialement les peuples pour lesquels en raison de leur situation, vous avez un amour et une sollicitude spéciale.

Ce monde d'individus et de nations, nous aussi nous l'avons aujourd'hui sous nos yeux: le monde du second millénaire qui approche, le monde moderne, notre monde.

L'Église, se rappelant les paroles du Seigneur, «Allez... et de toutes les nations faites des disciples... et voici, Je suis avec vous toujours jusqu'à la fin des âges» (Mt 28, 19-20), a donné, durant le second Concile du Vatican, une nouvelle vie à la conscience de sa mission dans ce monde.

Et c'est pourquoi, Ô Mère des individus et des peuples, vous qui connaissez toutes leurs souffrances et leurs espoirs, vous qui avez l'intuition d'une mère pour connaître les luttes entre le bien et le mal, entre la lumière et les ténèbres, qui affligent le monde moderne, entendez le cri que, poussés par l'Esprit Saint, nous lançons à votre Cœur. Embrassez, avec l'amour d'une mère et d'une servante du Seigneur, ce monde humain qui est le vôtre que nous vous confions et consacrons, parce que nous sommes préoccupés de la destinée terrestre et éternelle des individus et des peuples.

D'une façon spéciale, nous vous confions et consacrons ces individus et les nations qui ont un besoin spécial d'être confiés et consacrés.

«Nous avons recours à votre protection, Sainte Mère de Dieu»: Ne méprisez pas nos prières dans nos besoins.»

2. Voilà, Ô Mère du Christ, alors que nous nous présentons devant vous, devant votre Cœur Immaculé, nous désirons ensemble avec l'Église entière, nous unir à la consécration que par amour pour nous, votre Fils a faite de lui-même au Père: «Et pour eux», a-t-il dit, «Je me consacre moi-même afin qu'ils soient eux aussi consacrés en vérité» (Jn 17, 19). Nous désirons nous unir à notre Rédempteur dans cet acte de consécration du monde et de toute la race humaine; à lui, qui, dans son divin cœur a le pouvoir d'obtenir le pardon et d'assurer la réparation.

La puissance de sa divine consécration dure pour tous les temps et embrasse tous les individus, les peuples et les nations. Elle surpasse tout le mal que l'esprit de ténèbre est capable de susciter et qu'en fait il suscite de nos jours, dans le cœur de l'homme et dans son histoire.

Oui! C'est très profondément que nous sentons le besoin de cette consécration pour l'humanité et pour l'univers — notre univers moderne — en union avec le Christ lui-même! Parce que le travail rédempteur du Christ doit être assumé par le monde à travers l'Église.

La présente année de la Rédemption apporte ceci: le jubilé spécial de toute l'Église.

Au-dessus de toutes créatures, soyez bénie, vous la servante du Seigneur qui avez pleinement obéi à l'appel divin!

Salut à vous, vous qui vous êtes unie complètement à la consécration rédemptrice de votre Fils!

Mère de l'Église! Éclairez le peuple de Dieu au long des sentiers de la foi, de l'espérance et de l'amour. Aidez-nous à vivre véritablement dans notre monde moderne la consécration que le Christ a faite à son Père de la famille humaine tout entière.

En vous confiant, Ô Mère, le monde, individus et peuples, nous vous confions cet acte même de consécration du monde, le plaçant dans votre Cœur maternel.

Cœur immaculé! Aidez-nous à vaincre la menace du mal qui, si facilement, plante ses racines dans les cœurs du peuple d'aujourd'hui et dont les effets incommensurables pèsent déjà sur le monde moderne et semblent bloquer les chemins de l'avenir.

De la famine et de la guerre, délivrez-nous.

De la guerre nucléaire, de l'auto-destruction, de toute espèce de guerre, délivrez-nous.

Des péchés contre la vie humaine à partir de ses origines, délivrez-nous.

De la colère et de l'avilissement des enfants de Dieu, délivrez-nous.

De toute sorte d'injustice dans la vie de la société à la fois nationale et internationale, délivrez-nous.

De la volonté de fouler aux pieds les commandements de Dieu, délivrez-nous.

Des tentatives d'étouffer dans les cœurs humains la vérité même de Dieu, délivrez-nous.

De la perte de la conscience du bien et du mal, délivrez-nous.

Acceptez, Ô Mère du Christ, ce cri chargé des souffrances individuelles de tous les êtres humains, chargé des souffrances de toutes les sociétés.

Aidez-nous avec le pouvoir du Saint-Esprit à vaincre tout péché: péché personnel et «péché du monde», péché sous toutes ses formes.

Que soit révélée, une fois de plus dans l'histoire du monde, la puissance infiniment salvifique de la Rédemption; le pouvoir de l'amour miséricordieux. Puisse-t-il mettre un frein au mal. Puisse-t-il transformer les consciences! Daigne votre Cœur Immaculé révéler à tous la lumière de l'espérance!

LES ACTES DE CONSÉCRATION AUX ÉTATS-UNIS

Le représentant officiel du Saint-Père aux États-Unis, le très Révérend Pio Laghi, a présidé le plus solennel des Actes de Consécration pour les États-Unis. Le 25 mars 1984, il a célébré la messe, il a fait l'homélie et il a lu l'Acte de Consécration dans le Sanctuaire

National de l'Immaculée-Conception, à Washington, D.C. L'homélie fut imprimée dans *Image,* un magazine dédié à Notre-Dame de Guadeloupe, Patronne des Amériques (Boîte Postale 29055, Wash. D.C. 20017).

Il est urgent de continuer de telles cérémonies de consécration à tous les plans, national, diocésain, paroissial et individuel, et dans les communautés religieuses, agissant solidairement. Cela assurera la plénitude requise pour obtenir la plénitude de la paix dans le monde.

Le père John A. Ryan, S.J. (100E, 20ᵉ Rue, Baltimore, MD 21218) et sa «Reparation Society» serait une bonne source d'information pour avoir des détails sur les diverses formes de Consécrations aux États-Unis, et sur la question tant débattue, à savoir: si oui ou non les demandes de Marie à Fatima à propos de la Consécration collégiale ont été pleinement satisfaites. Pour le Canada, on trouvera ces mêmes renseignements auprès du père Gruner et son «Fatima Crusader» (482 Kraft Road, Fort Erié, Ontario, Canada, I2A 4M7).

BIBLIOGRAPHIE

— MEMORIAS E CARTAS DA IRMA LUCIA (Composicao et impressai de Simao Guimaraes Filhos, LDA. Depositaria: L.E., Rua Nossa Senhora de Fatima, 296 — 5 Porto; Porto, 1973).

Cet ouvrage est le meilleur et le plus authentique qu'on puisse se procurer en français. Le texte est disposé sur chaque page en trois colonnes côte-à-côte, écrit en portugais, en français et en anglais. Occupant la partie gauche du livre ouvert, on peut lire la reproduction de l'original écrit de la main de Lucie.

Les Mémoires de Lucie occupent 397 pages. Le reste des 467 pages (qui sont imprimées en caractères plus fins que les Mémoires) contiennent quelques-unes de ses lettres et un petit nombre d'autres de ses écrits. Les quatre Mémoires parurent en 1935, 1937 et 1941. Ce grand livre peut être acheté au Centre International de l'Armée Bleue, à Fatima.

— LUCIE RACONTE FATIMA
Présentation par Dom Claude Jean-Mesmy, O.S.B. Traduction par le R.P. Réginald Simonin, O.P. 4e édition 30e mille. Fatima-Éditions, Desclée de Brouwer Résiac.

— TÉMOIGNAGES SUR LES APPARITIONS DE FATIMA, par le R.P. de Marchi; traduction et adaptation par le père Réginald Simonin, O.P., 2e Édition, revue, corrigée et complétée, 1974, 352 pp. Lettre d'approbation de Mgr Jean Pereira Venancio, évêque de Leiria. Composé et imprimé dans Officinas «Da Grafica De Leiria.»

— IL ÉTAIT TROIS PETITS ENFANTS, Vie secrète et pénitente des Voyants de Fatima, par C. Barthas, Apostolat de la Prière, 9 rue Monplaisir, Toulouse-13, rue Maignac, 224 pp.

— FATIMA, MERVEILLE INOUÏE, par le Chanoine C. Barthas et le père G. da Fonseca, S.J., Fides, Montréal, 1945, 405 pp.

— MÉMOIRES DE SŒUR LUCIE, Compilation du père Louis Kondor, S.V.D., 1ère Édition, mai 1980, Pierre Téqui, diffuseur, 82 R. Bonaparte, 75006 Paris, 215 pp.

— LE CIEL EST PLUS FORT QUE NOUS, La Merveilleuse Histoire de Fatima, par G. Hunnermann, Éditions Salvator-Mulhouse, 1956, Casterman, Paris, Tournai, 229 p.

— LES GRANDES MERVEILLES DE FATIMA, par le Vicomte de Montelo, Les apparitions de la Sainte-Vierge, Les manifestations grandioses de foi et de piété, Les guérisons extraordinaires, Éditions du Pélican, 46, rue Dessoubs, Paris 2e, 1930, 253 pp.

— LE SOLEIL A DANSÉ À FATIMA, par Benjamin Lejonne, Apostolat de la Presse, 46-48 rue du Four, Paris 6e, 1954, Préface de Jean-Marie Beaurin, moine de l'Abbaye Ste-Marie, Paris.

LA DAME DE LUMIÈRE: FATIMA
par Pierre Croidys,
Spes, Paris

DE L'ÉVANGILE À NOTRE-DAME DE FATIMA
par le Chanoine Charles Chalmette
Beauchesne et Fils
Paris, rue de Rennes 117

TABLE DES MATIÈRES

175

Collection

SÈVE NOUVELLE

Imprimerie des Éditions Paulines
250, boul. Saint-François Nord
Sherbrooke, QC, J1E 2B9

Imprimé au Canada — Printed in Canada